5.-10. Schuljahr

Rigobert Brauch

Notenwerte lesen, schreiben & spielen

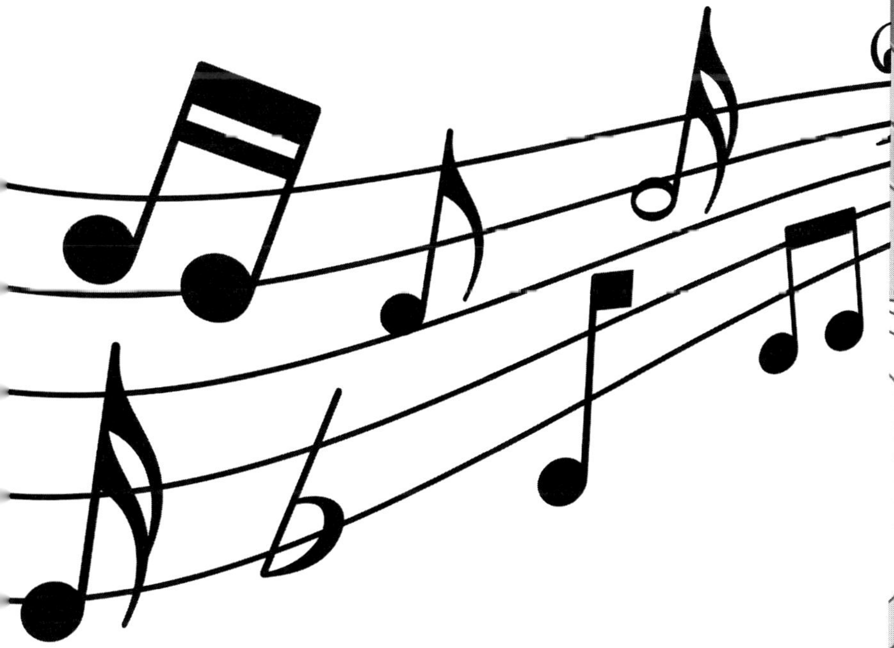

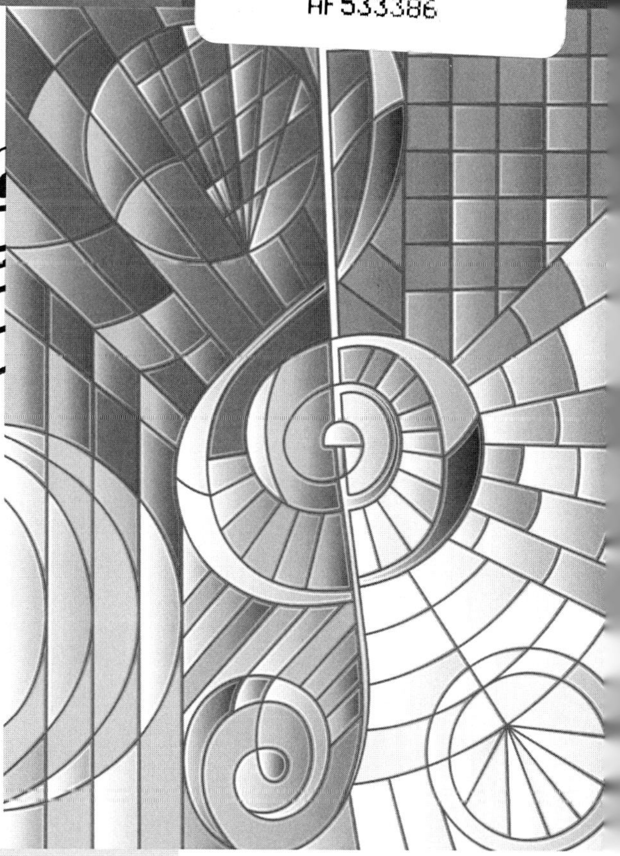

Noten lernen durch Praxis und Sprache

Notenwerte lesen, schreiben & spielen

Noten lernen durch Praxis und Sprache

1. Auflage 2023

Inhalt: Rigobert Brauch
Umschlagbild: © Graficriver & Zagory - AdobeStock.com
Redaktion: Kohl-Verlag
Grafik & Satz: Eva-Maria Noack & Kohl-Verlag
Druck: farbo prepress GmbH, Köln

Bestell-Nr. 13 040

ISBN: 978-3-98841-083-2

Alle Hörbeispiele wurden mit dem Programm Finale erstellt. Die Originalnoten wurden vom Autor in das Programm eingegeben. Alle Hörbeispiele haben 3 Clave-Schläge als einzählende Viertel.

Bildquellen © AdobeStock.com:

S. 4: klesign, Morphart; **S. 15/16**: sisti, Sergiy, Perysty, obereg, deanz (bearb.); **S. 19**: sisti, Perysty; **S. 20**:Sergiy, obereg; **S. 21**: deanz (bearb.); **S. 22**: sisti, Sergiy, Perysty, obereg, deanz (bearb.); **S. 23**: AlexZlat; **S. 24**: jrperson; **S. 25**: Vinh; **S. 28**: 2dmolier; **S. 32**: Juulijs, Georgios Kollidas; **S. 33**: reineg; **S. 34**: Juulijs; **S. 35**: Georgios Kollidas; **S. 47/48**: Zagory

Zusatzmaterial zu diesem Titel im Online-Shop erhältlich:

Unter der Rubrik "Zusatzmaterial" auf der Startseite befindet sich ein direkter Link zum Download der Audiofiles zu diesem Band.

Geben Sie beim Download-Vorgang bitte diesen Code ein: **PU9GK57A**

Inhalt

Hinweise zu den Hörbeispielen auf Seite 30, 31 und 40
Einen ersten Höreindruck, der mit Finale erstellten Arrangements, vermitteln die MP3-Hörbeispiele.
Die MP4-Videos unterstützen die Lernenden beim Einstudieren der Notenvorlage.
Beim Abspielen hilft ein mitlaufender Cursor, sich in der Partitur zu orientieren.

NOTENWERTE LESEN, SCHREIBEN & SPIELEN
Noten lernen durch Praxis und Sprache – Bestell-Nr. 13 040

Vorwort

Schon Platon erkannte vor nahezu 2500 Jahren die Ausstrahlungskraft der Musik auf den Menschen. Rhythmus und Harmonie wirken sich positiv auf den Körper und die Seele aus. Nach seinem Verständnis ist jede Generation aufgefordert, die Erziehung so zu gestalten, dass eine aktive Teilhabe am Musizieren möglich wird, damit Musik den Menschen beseelt.

"Die Erziehung zur Musik ist von höchster Wichtigkeit, weil Rhythmus und Harmonie machtvoll in das Innerste der Seele dringen."

Platon (428/427 v. Chr.- 348/347 v. Chr.), griechischer Philosoph

Das vorliegende Heft `Notenwerte – lesen, schreiben, spielen´ vermittelt Grundkenntnisse der Musiknotation. Darunter versteht man das grafische Festhalten musikalischer Angaben, wie Tonlautstärke, -dauer und -höhe. Einfache und schnell realisierbare Musikstücke verknüpfen das Basiswissen mit dem Musizieren. So wird die praktische Musikkompetenz der Lernenden, ihr spielerischer Umgang mit Rhythmen und die Freude an der musikalischen Praxis gefördert. Kooperative Lernmethoden ermöglichen vielseitige Erfahrungen und motivieren, musikalische Prozesse zu gestalten.

Hinweis: Die in diesem Band verwendete männliche Form wie z. B. `Mitschüler´ schließt grundsätzlich auch die weibliche mit ein.

Rigobert Brauch

Methodisch-didaktische Überlegungen

Musik hat ihre **eigene `Sprache´**, die sich über Jahrhunderte bis heute entwickelte. Bei der Musikausbildung gehört es zur Aufgabe, in die traditionelle Musiknotation einzuführen, um eine aktive Teilhabe am Musikleben zu ermöglichen.

Zentrale inhaltliche und prozessbezogene Kompetenzen sind in einer tabellarischen Übersicht zusammengestellt. Die Tabelle erhebt keinen Anspruch auf Vollständigkeit, zeigt aber die Intentionen auf, die mit den bereitgestellten Lernmaterialien erreicht werden können. Die Lehrkraft kann die Vorlagen dem individuellen Niveau der Lerngruppe anpassen.

Differenzierung

Die Lernangebote orientieren sich durchgehend an drei Niveaustufen:

⊙ Das Kreissymbol steht für das **Grund-Niveau**.

! Das Ausrufezeichen bildet das **mittlere Niveau** ab.

★ Der Stern repräsentiert das **erweiterte Niveau**.

Symbole

Einzelarbeit

Partnerarbeit

Gruppenarbeit

Hörbeispiele zum Download (Download-Code im Impressum) auf den Seiten 30, 31 und 40

Die angebotenen Lern- und Arbeitsmaterialien lassen sich leicht zu einer Lerntheke zusammenstellen.

Übersicht der prozess- und inhaltsbezogenen Kompetenzen

Themenschwerpunkt: Rhythmus – Notenwerte

Inhalte:
- Kennenlernen und Üben der Notenwerte (Ganze, Halbe, Viertel, Achtel, auch die dazugehörigen Pausen)
- Sprechen und Spielen von einfachen bis anspruchsvollen rhythmischen Patterns, Rhythmusarrangements und Sprechstücken nach Noten bzw. Gehör
- Gestalten bzw. Komponieren von rhythmischen musikalischen Abläufen
- Erfahrungen sammeln im Umgang mit Metrum und Takt
- Kennenlernen des schuleigenen Rhythmus-Instrumentariums und dessen Handhabung beim Musizieren
- Reflexion der Ergebnisse an Hand eigener Aufnahmen (Audio, Video) der verschiedenen Präsentationen

Prozessbezogene Kompetenzen	**Inhaltsbezogene Kompetenzen**		
	Musik gestalten und erleben	**Musik verstehen**	**Musik reflektieren**
eigene musikalische Fähigkeiten wahrnehmen und wertschätzen	- rhythmische Patterns auf schuleigenen Instrumenten spielen	- Noten- und Pausenwerte benennen, schreiben und anwenden (Ganze, Halbe, Viertel, Achtel)	- beim Üben und Vortragen Beurteilungen für sich und andere vornehmen und begründen
eigene Potenziale erkennen	- einfache Musikstücke erarbeiten, üben und präsentieren	- Taktarten erkennen und anwenden (4/4- und 2/4-Takt)	
eigene Schwächen erkennen	- Hörerlebnisse im freien assoziativen Hören sprachlich äußern	- musikalische Merkmale erkennen und anwenden (Klangfarbe, Dynamik, Tempo, Form)	
sich konzentriert und ausdauernd mit Musik beschäftigen	- Musik-Abläufe erstellen, erfinden und präsentieren		
sich mit Erfolg und Misserfolg auseinandersetzen			
einander zuhören			
sich an vereinbarte Regeln halten			
sich auf einen Gesamteindruck von Klangereignissen konzentrieren			
Instrumente differenziert einsetzen			
systematisch und zielgerichtet üben			
Ergebnisse präsentieren			
Musik als nonverbales Verständigungsmittel erkennen und anwenden			

I Notenwerte

1.1 Notenschrift

Die traditionelle Notenschrift entwickelte sich über Jahrhunderte. Die Musikzeichen machen Zeit und Töne sichtbar, damit Musik jederzeit wiedergegeben werden kann.
Im Folgenden ist der Aufbau einer Note dargestellt.

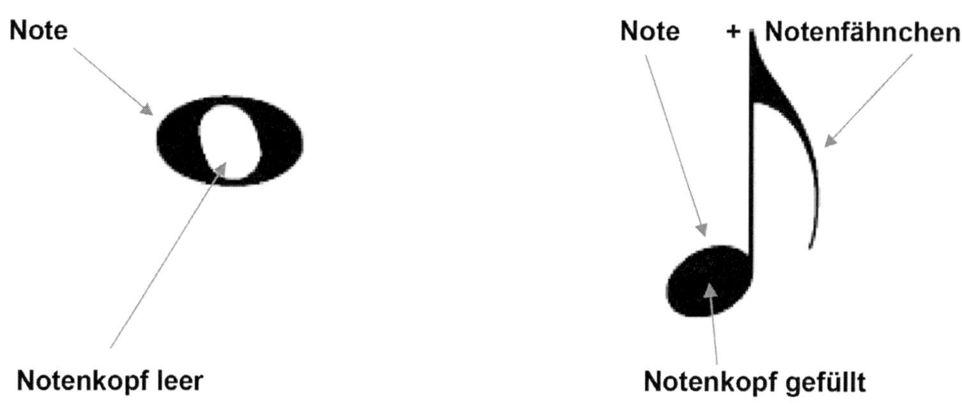

1.2 Notentreppe

Die Note mit dem größten Wert steht unten, die Note mit dem kleinsten Wert steht oben.
Die Balken zeigen, wie die Noten zueinander im Verhältnis stehen.

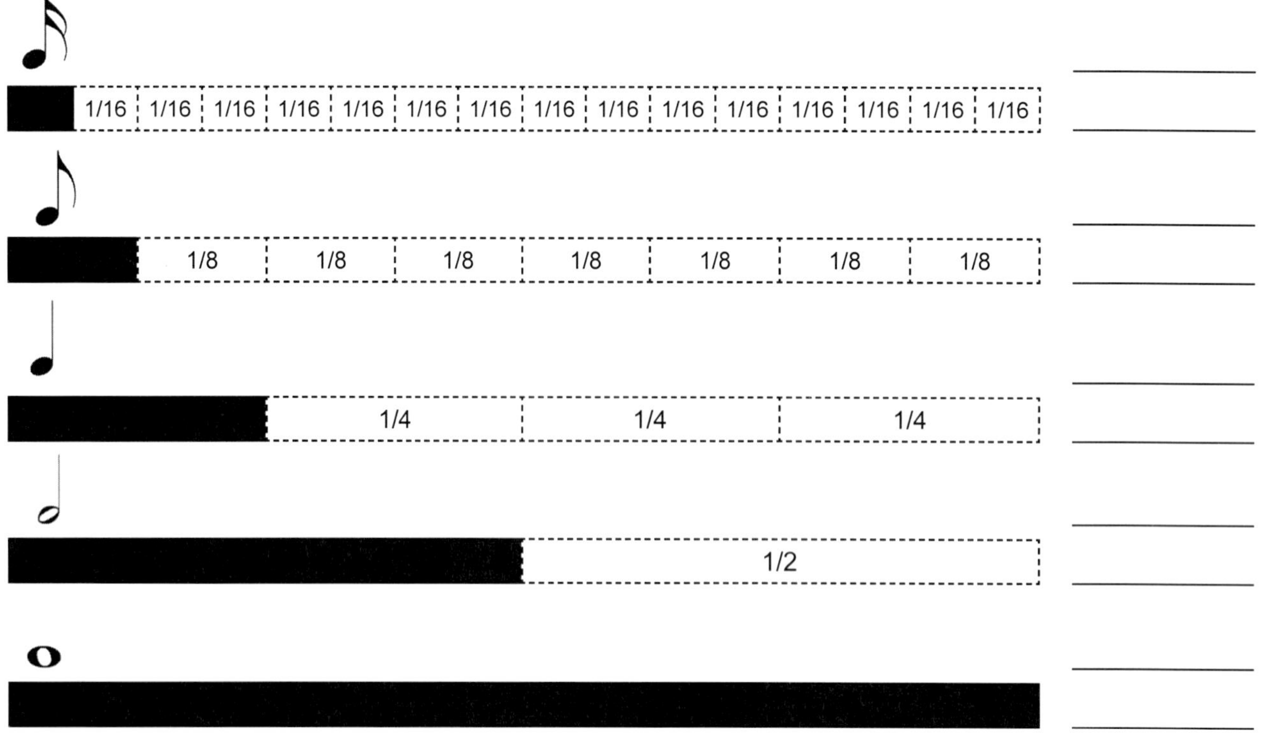

KOHL VERLAG
NOTENWERTE LESEN, SCHREIBEN & SPIELEN – Noten lernen durch Praxis und Sprache – Bestell-Nr. 13 040

1.3 Aufgaben zur Notentreppe

EA ⊙ **Aufgabe 1**: *Miss die Längen der Balken. Erkennst du einen Zusammenhang? Notiere ihn.*

____

____

____

Aufgabe 2: *Ordne die Notenbezeichnungen der Notentreppe auf Seite 6 richtig zu:*
***Ganze** Note, **Halbe** Note, **Viertel**note, **Achtel**note, **Sechzehntel**note*

Aufgabe 3: *Ordne eine oder mehrere Wortkarten einem Notensymbol zu, indem du sie durch Linien verbindest. Du kannst auch für jedes Symbol eine Farbe wählen.*

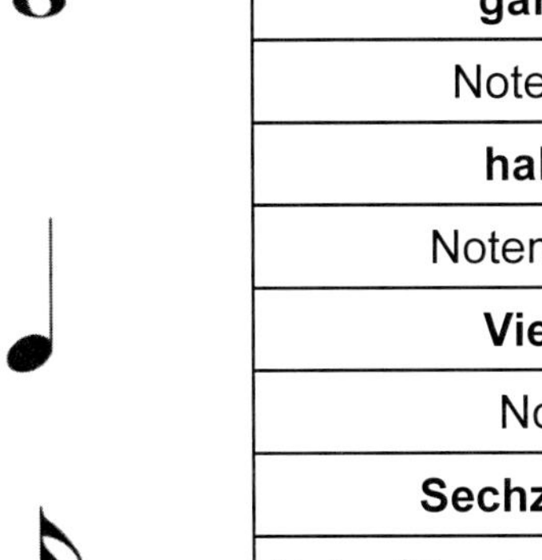

ganze Note
Notenkopf leer
halbe Note
Notenkopf gefüllt
Viertelnote
Notenhals
Sechzehntelnote
Notenfähnchen, einfach, doppelt
Achtelnote

EA ! **Aufgabe 4**: *Ergänze mit Hilfe der Notentreppe folgende Sätze, sodass eine wahre Aussage entsteht.*

a)	Eine Ganze hat den gleichen Wert wie __ Halbe und __ Viertel.
b)	Eine Halbe hat den gleichen Wert wie __ Viertel und __ Achtel.
c)	Man benötigt ___ Viertel um den Wert einer Ganzen zu erhalten.
d)	Eine Viertel hat den gleichen Wert wie __ Sechzehnte
e)	Eine Viertel hat den gleichen Wert wie __ Achtel und __ Sechzehntel
f)	Für den Wert einer Ganzen brauche ich __ Halbe, __ Viertel und __ Achtel.
g)	Eine Ganze hat den gleichen Wert wie __ Halbe und __ Achtel
h)	__ Achtel ergeben den Wert einer Halben.
i)	__ Viertel und __ Achtel ergeben eine Ganze. (*Es gibt mehrere Lösungen.*)

Aufgabe 5: *Finde mindestens zwei weitere Aussagen.*

____

____

I Notenwerte

EA

Aufgabe 5: *Trainiere deine Schreibkompetenz! Gestalte das Notenbanner. Schreibe jede Note mindestens 10mal, verwende Buntstifte.*

I **Notenwerte**

1.4 Ergänze die Notenwerte – Rhythmen spielen

Hilfen: Halbe Note: 𝅗𝅥 = ♩ ♩ oder ♩ ♪ ♪ oder ♪ ♪ ♩ oder ♪ ♪ ♪ ♪

Viertel Note: ♩ = ♪ ♪

Sprachsilben: 𝅗𝅥 = ta -o ♩ = ta ♪ = ti

Für Debütanten (Einsteiger)

Aufgabe 1: *Ergänze in den 4/4-Takten die fehlenden Notenwerte.*

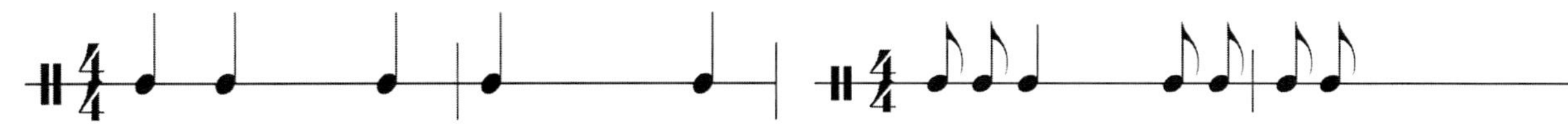

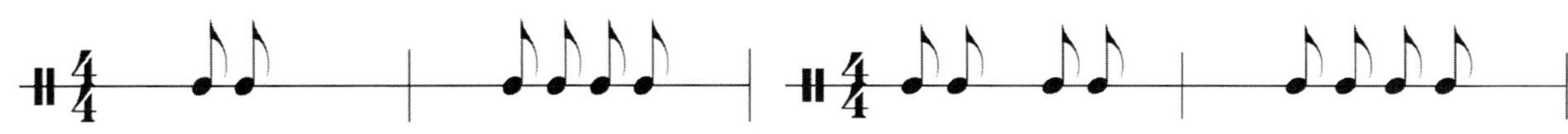

Aufgabe 2: *Spiele jeden Rhythmus mindestens 4 Mal.*
Tipp: Schreibe die Sprachsilben (siehe oben) unter die Notenwerte.
Stelle ein Metronom auf MM120 und spiele dazu.

Für Start Ups

Aufgabe 1: *Ergänze die 4/4-Takte mit Vierteln und Achteln. Es gibt mehrere Möglichkeiten.*

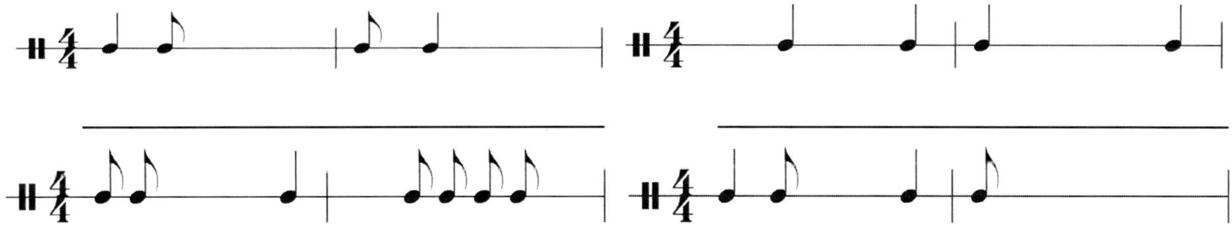

Aufgabe 2: Spiele jeden Rhythmus mindestens 4 Mal.
Tipp: Schreibe die Sprachsilben (siehe oben) unter die Notenwerte.
Stelle ein Metronom auf MM120 und spiele dazu.

Für Profis

Aufgabe 1: *Ergänze die 4/4-Takte mit Halben, Vierteln und Achteln.*

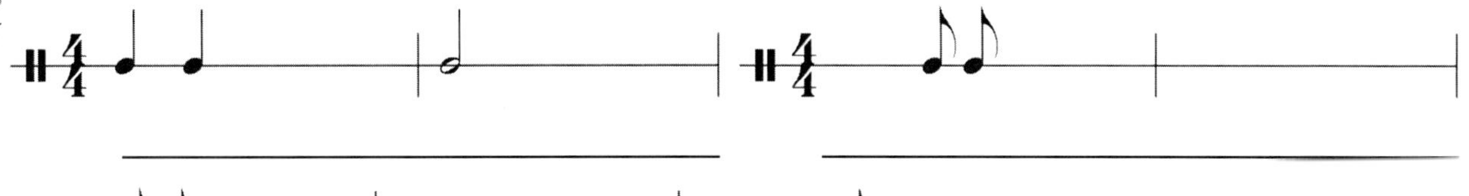

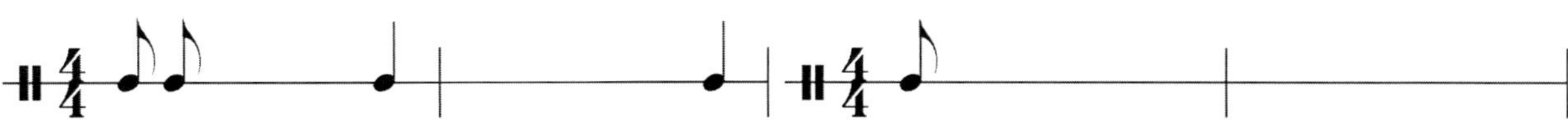

Aufgabe 2: *Spiele jeden Rhythmus mindestens 4 Mal.*
Tipp: Schreibe die Sprachsilben (siehe oben) unter die Notenwerte.
Stelle ein Metronom auf MM120 und spiele dazu.

1.5 Pausentreppe

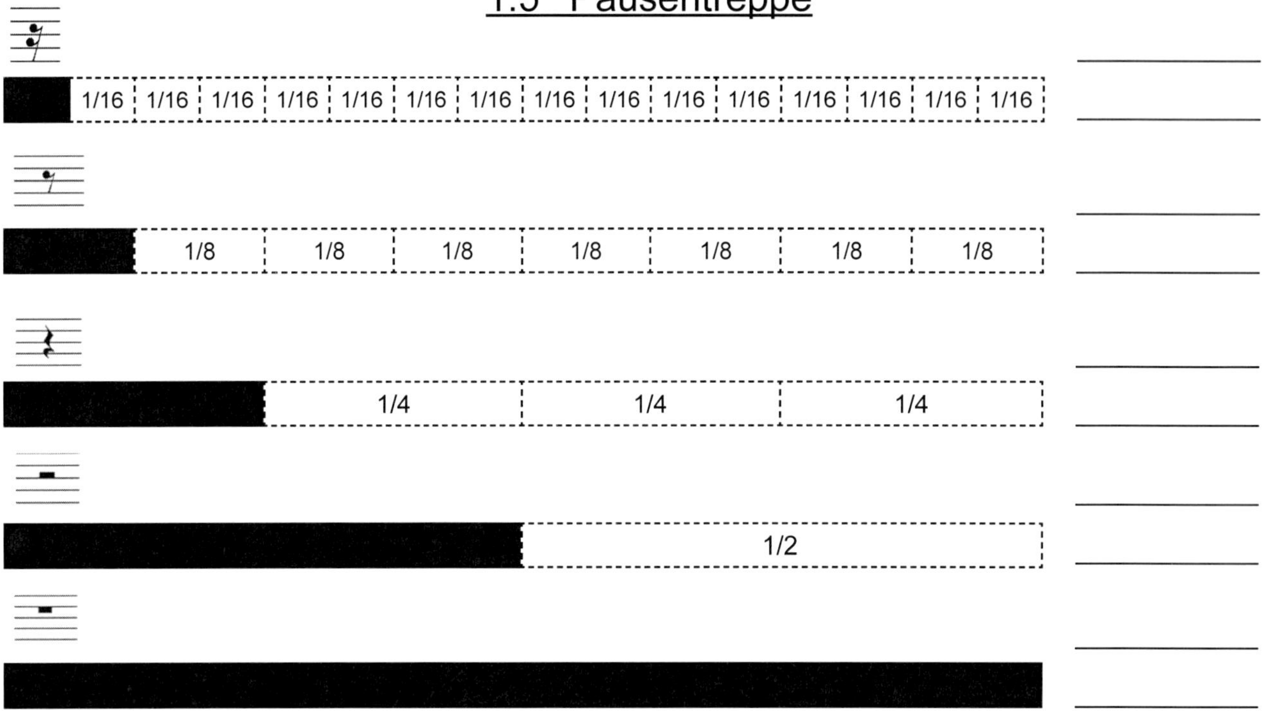

1/16 | 1/16 | 1/16 | 1/16 | 1/16 | 1/16 | 1/16 | 1/16 | 1/16 | 1/16 | 1/16 | 1/16 | 1/16 | 1/16 | 1/16

1/8 | 1/8 | 1/8 | 1/8 | 1/8 | 1/8 | 1/8

1/4 | 1/4 | 1/4

1/2

EA **Aufgabe 1**: *Ordne die Pausenbezeichnungen richtig zu: Ganze Pause, Halbe Pause, Viertelpause, Achtelpause, Sechzehntelpause.*

EA **Aufgabe 2**: *Trainiere die Schreibweise der Pausen. Schreibe jede Pause mindestens 5mal in die freien Notenlinien. Achte genau auf die Schreibweise.*

EA **Aufgabe 3**: *Welche Pausen fehlen? Trage sie in die 4/4-Takte ein.*

!

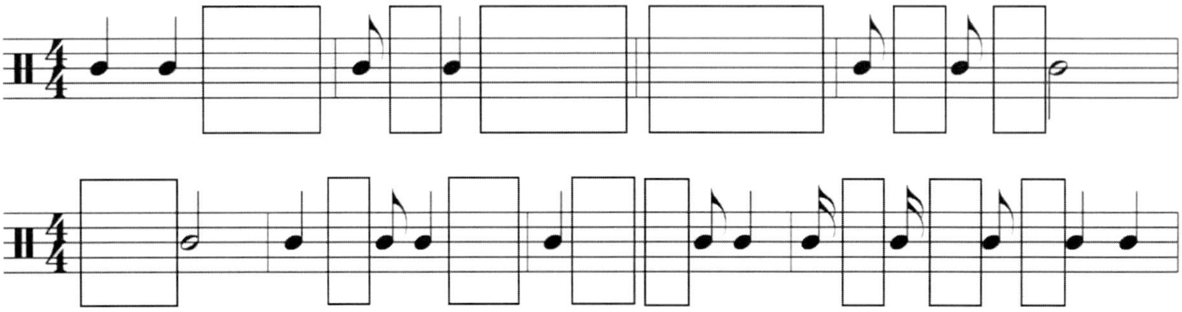

KOHL VERLAG
NOTENWERTE LESEN, SCHREIBEN & SPIELEN – Noten lernen durch Praxis und Sprache – Bestell-Nr. 13 040

1.6 Noten-Pausenwert-Domino

Mit diesem Spiel vertiefst du deine Kenntnisse im Umgang mit den Noten- und Pausenwerten. Gleichzeitig trainierst du deine soziale Kompetenz beim Spielen.

Aufgabe: *Sucht euch eine Variante der unten vorgeschlagenen aus und spielt sie zusammen.*

Spielvarianten:

⊙ 1. Für alle Debütanten

Alle Dominosteine liegen mit der Spielseite sichtbar auf dem Spieltisch.
Die Spielsteine werden der Reihe nach so gelegt, dass kein Dominostein übrigbleibt.
Regel: Einem Pausenwert wird der richtige Notenwert zugeordnet.

! 2. Für alle Start-Ups

Wie viele Steine schaffst du, in einer vorgegebenen Zeit, der Reihe nach zu ordnen?
Lege ein Zeitintervall zwischen 30 und 60 Sekunden fest.
Regel: Einem Pausenwert wird der richtige Notenwert zugeordnet.

★ 3. Für alle Profis

Spiele nach den bekannten Dominoregeln (hier leicht abgewandelt).

Vorbereitung:

Jeder Spieler erhält 5 Steine. Die übrigen Steine liegen auf einem Stapel in der Mitte. Ein weiterer Stein liegt als Eröffnungsstein offen in der Spielmitte. Mit den Spielsteinen wird eine Kette gelegt. Die Anlegeregel nach rechts besagt, an den Pausenwert muss immer ein Stein mit dem gleichen Notenwert und nach links ein Stein mit dem gleichen Pausenwert angelegt werden (*siehe Abbildung*). Wer zuerst keine Steine mehr hat, gewinnt diesen Satz. Ein Spiel besteht aus 4 Sätzen.

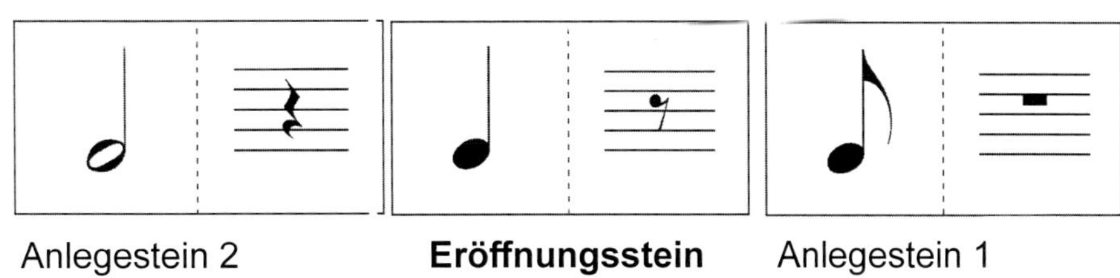

Anlegestein 2 **Eröffnungsstein** Anlegestein 1

Spielverlauf:

Der Eröffnungsspieler wird bestimmt, anschließend im Uhrzeigersinn gespielt. Die Spieler legen reihum abwechselnd einen Stein. Das Anlegen darf nicht verweigert werden. Kann ein Spieler nicht anlegen, zieht er aus dem Stapel einen Stein. Ist dieser auch nicht spielbar, kommt der Nächste an die Reihe. Der Satz ist beendet, wenn ein Spieler seine Steine angelegt hat. Nach 4 Sätzen ist das Spiel zu Ende.

Der Satzgewinner erhält 5 Pluspunkte, die übrigen Spieler zählen ihre nicht gespielten Steine und erhalten die Anzahl als Minuspunkte. Gewinner ist, wer nach vier Sätzen die meisten Punkte erreicht hat. Alternativ erhalten die Spieler ein Startguthaben von 50 Punkten, um Minuspunkte zu vermeiden.

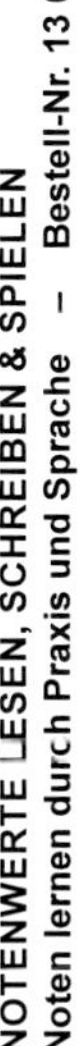

NOTENWERTE LESEN, SCHREIBEN & SPIELEN
Noten lernen durch Praxis und Sprache – Bestell-Nr. 13 040

Notenwerte

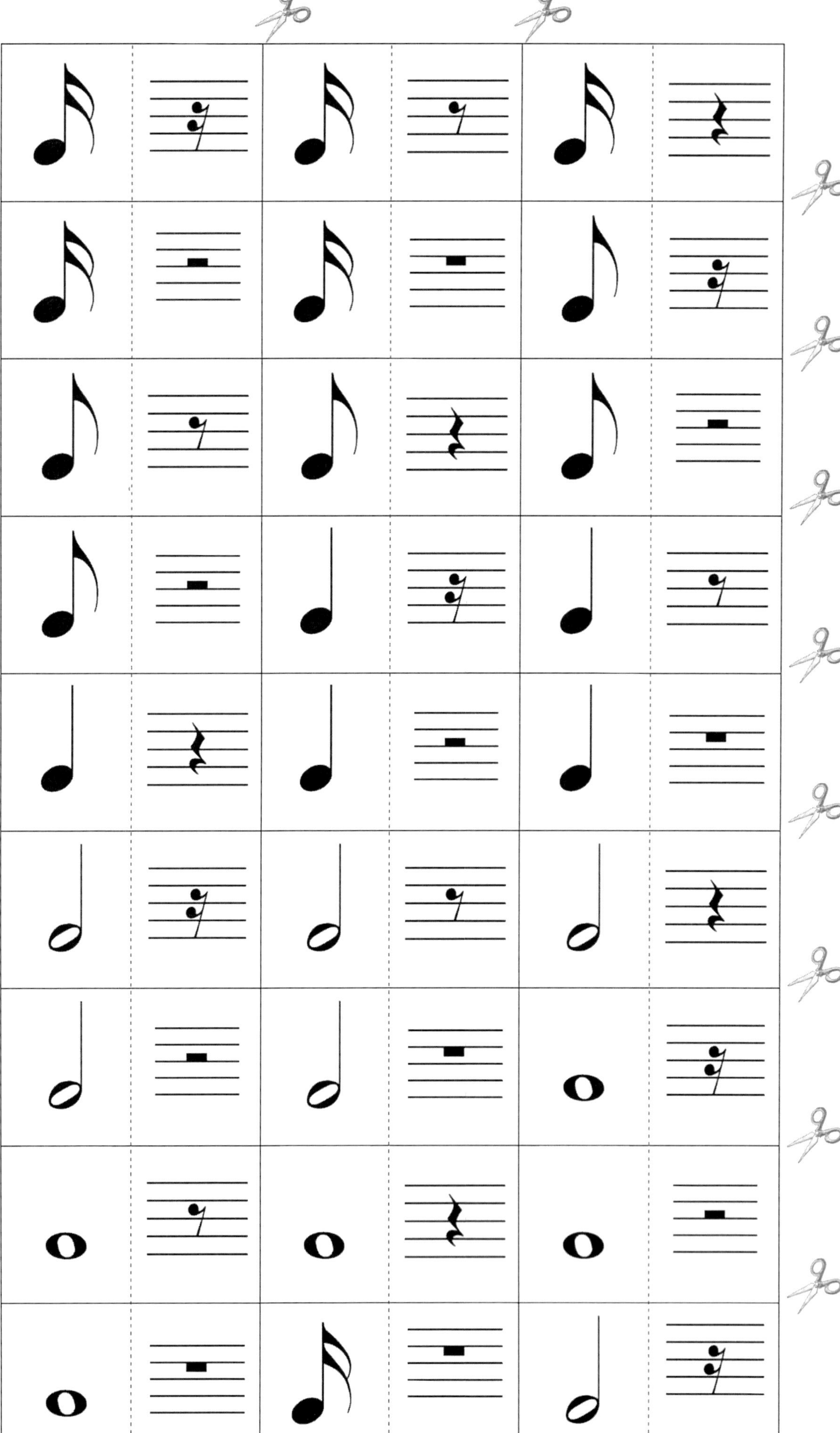

NOTENWERTE LESEN, SCHREIBEN & SPIELEN
Noten lernen durch Praxis und Sprache – Bestell-Nr. 13 040
KOHL VERLAG

1.7 Pizza-Rhythmen – Viertel und Achtel

Du kennst bereits die Notenwerte ♩ ♪.
In den folgenden Übungen sind die Noten als \`Pizza-Teile´ dargestellt.
Die vorgegebenen \`Pizzen´ sind unterschiedlich aufgeschnitten.

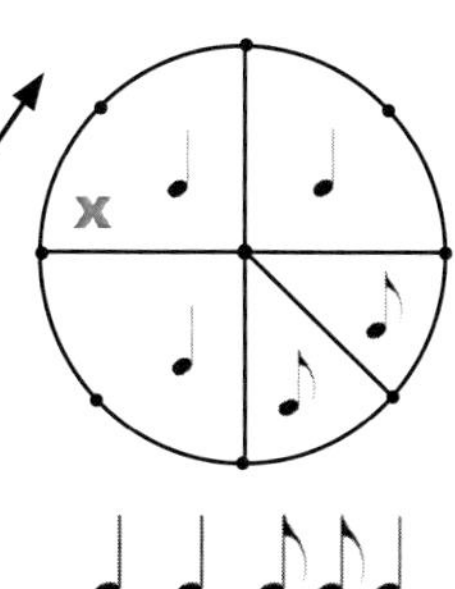

Aufgabe 1: *Schreibe auf jedes \`Pizza-Teil´ einen Notenwert (Viertel und Achtel – siehe oben) und übertrage sie auf die vorgegebene Linie (siehe Beispiel). Zusammen ergeben sie einen Rhythmus. Beginne Immer im Feld mit dem roten Kreuz und gehe dann im Uhrzeigersinn weiter.*

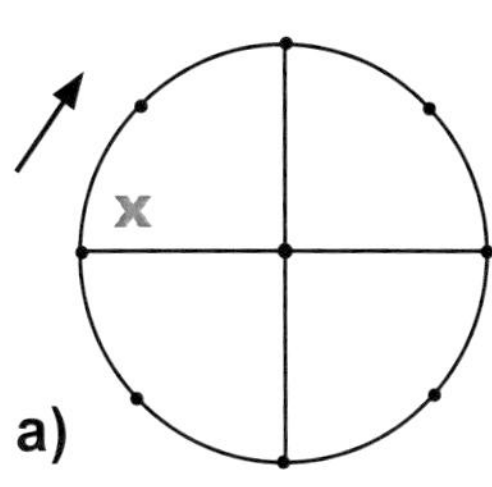

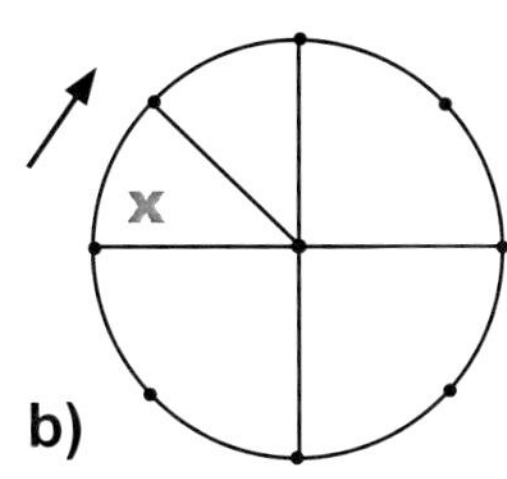

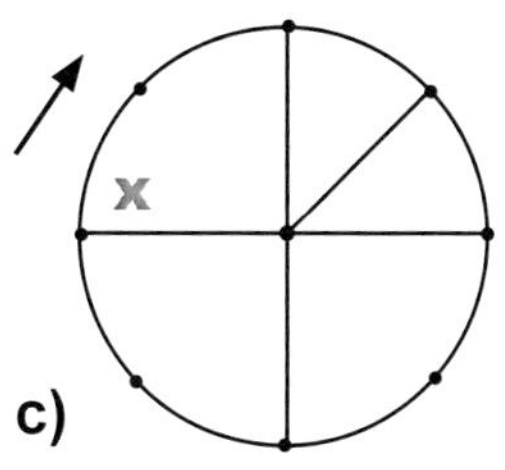

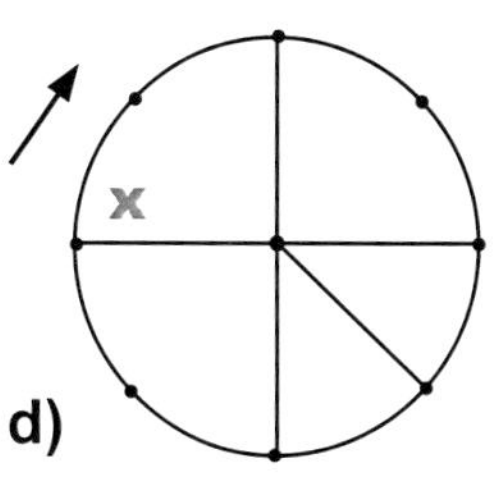

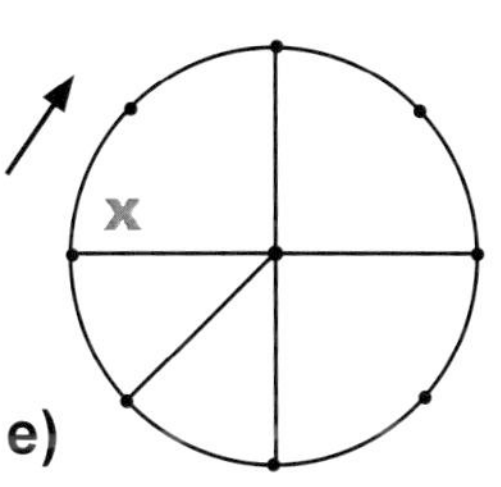

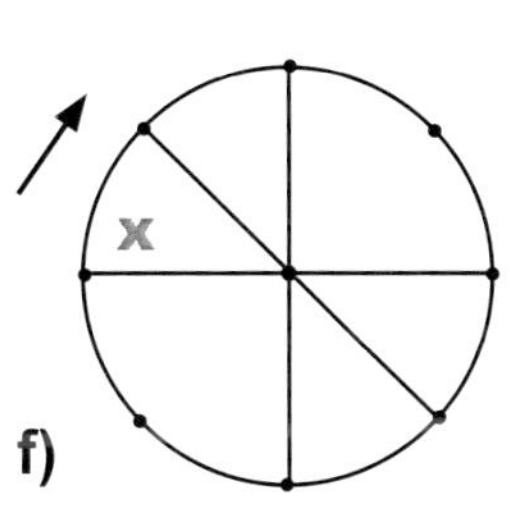

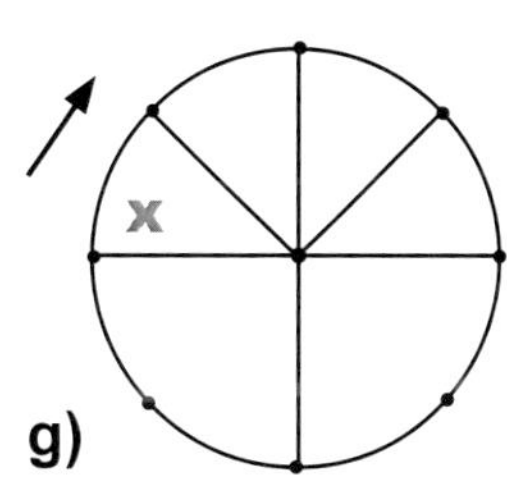

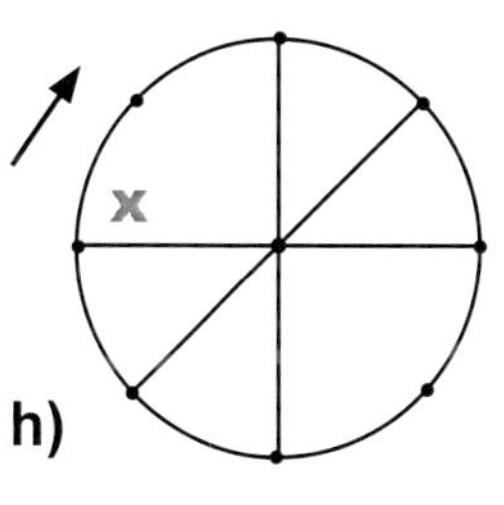

Aufgabe 2: *Finde weitere Schnittmuster für die 4 Pizzen.*

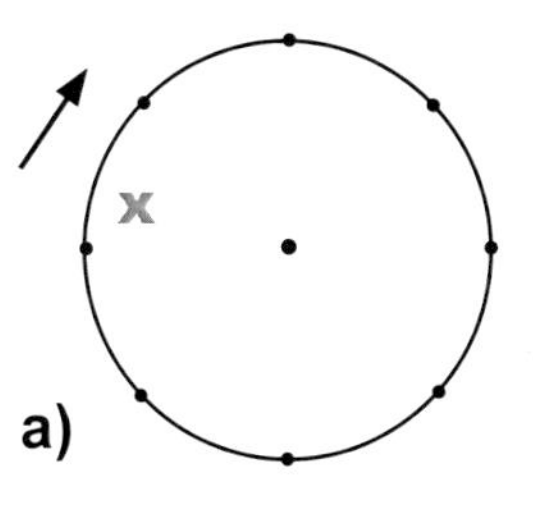

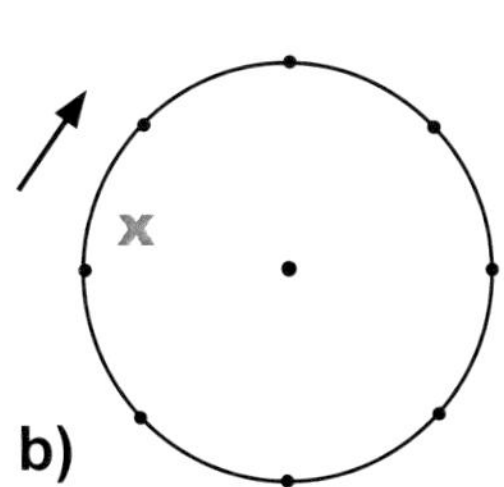

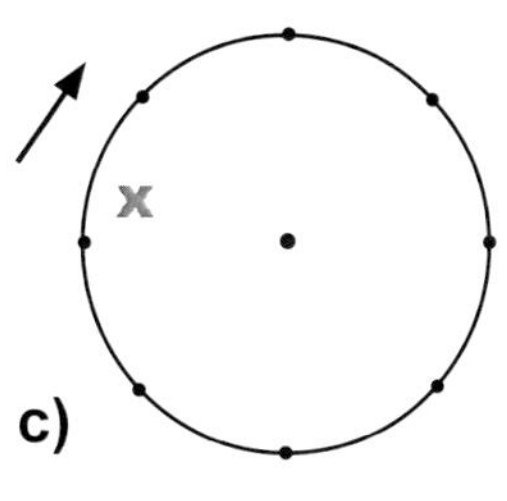

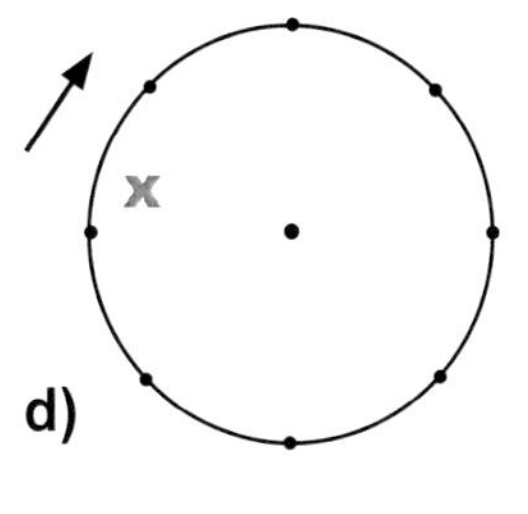

Aufgabe 3: *Spiele die Rhythmen auf geeigneten Instrumenten.*

(Sprachhilfe: Für alle ♩ = ta, für alle ♪ = ti z. B. ♩ ♩ ♪ ♪ ♩)
ta ta ti ti ta

Kombiniere, z. B. Pizza a) + Pizza h), wiederhole die Kombination 4mal. Finde weitere Kombinationen.

NOTENWERTE LESEN, SCHREIBEN & SPIELEN
Noten lernen durch Praxis und Sprache – Bestell-Nr. 13 040
KOHL VERLAG

1.8 Pizza-Rhythmen – Halbe, Viertel und Achtel

Du kennst die Notenwerte .
In den folgenden Übungen sind die Noten als `Pizza-Teile´ dargestellt.
Die vorgegebenen `Pizzen´ sind unterschiedlich aufgeschnitten.

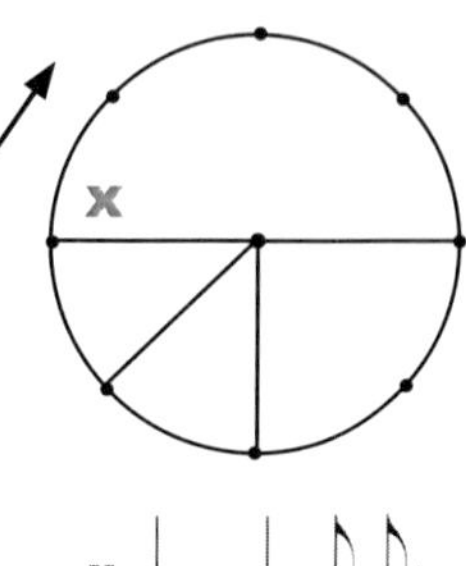

EA ⊙ **Aufgabe 1**: *Schreibe die `Pizza-Rhythmen´ mit drei Notenwerten (Achtel, Viertel und Halbe) auf die vorgegebene Linie (siehe Beispiel). Beginne immer im Feld mit dem roten Kreuz und gehe dann im Uhrzeigersinn weiter. Du kannst die Noten auch in die `Pizza-Felder´ eintragen.*

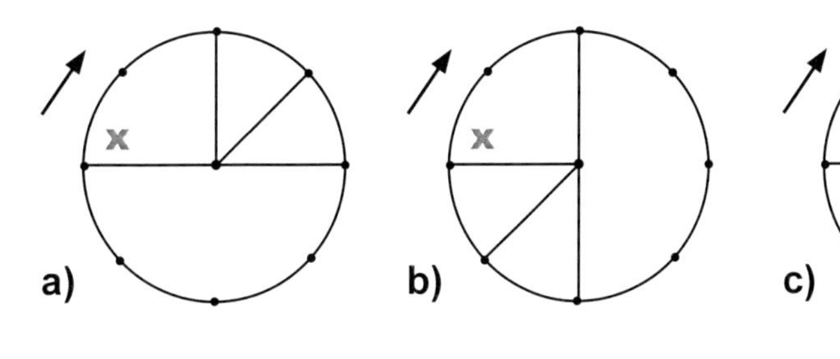

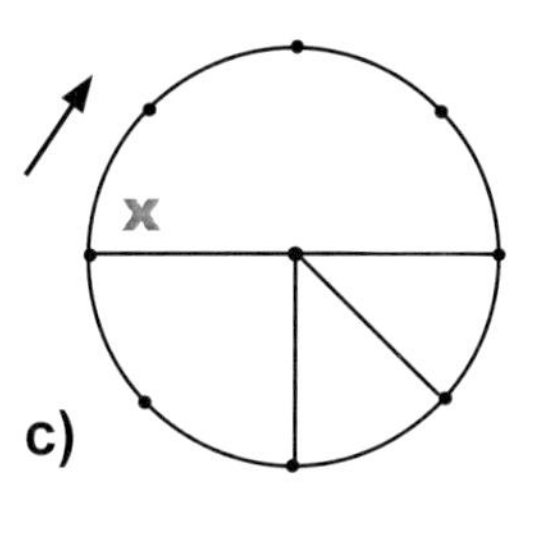

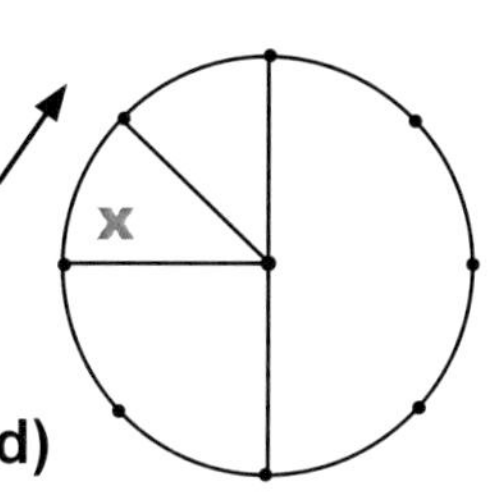

Achtung: Anspruchsvoll beim Spielen!

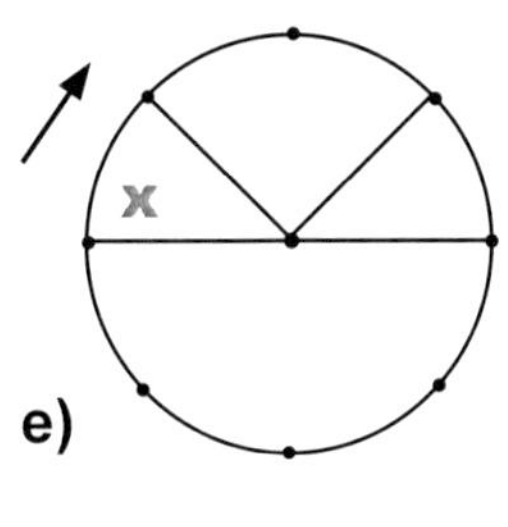

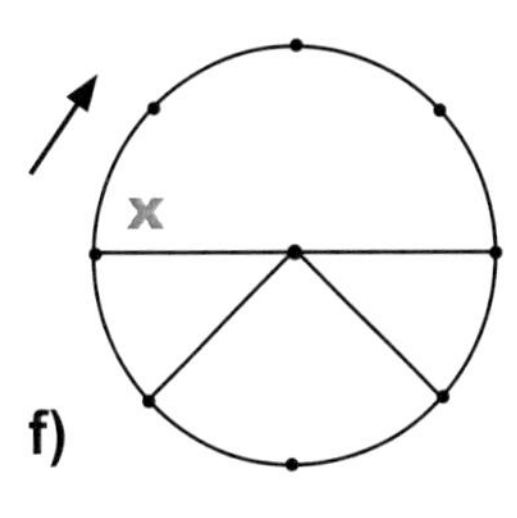

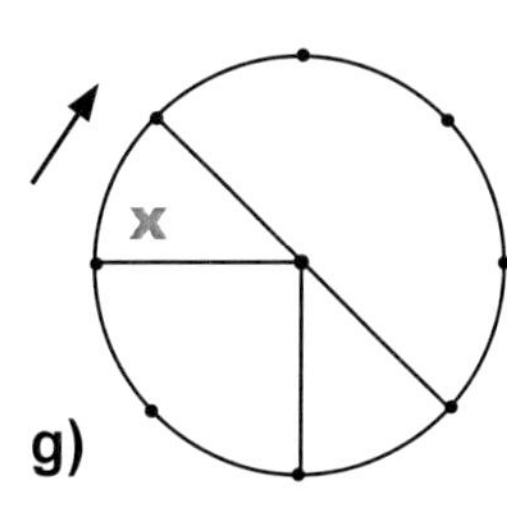

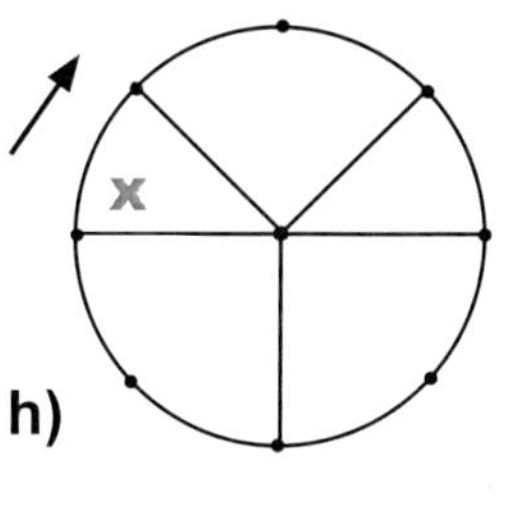

EA ! **Aufgabe 2**: *Finde weitere Schnittmuster für die 4 Pizzen.*

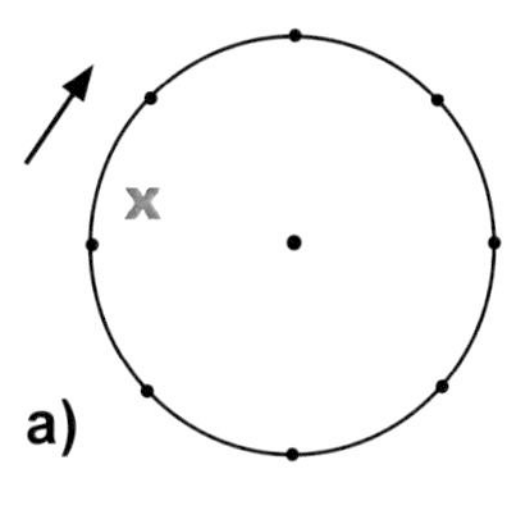

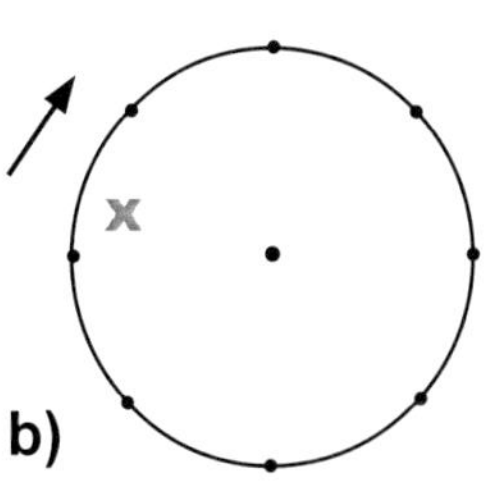

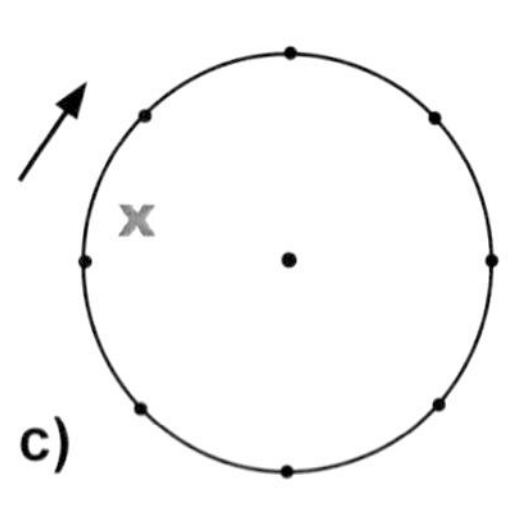

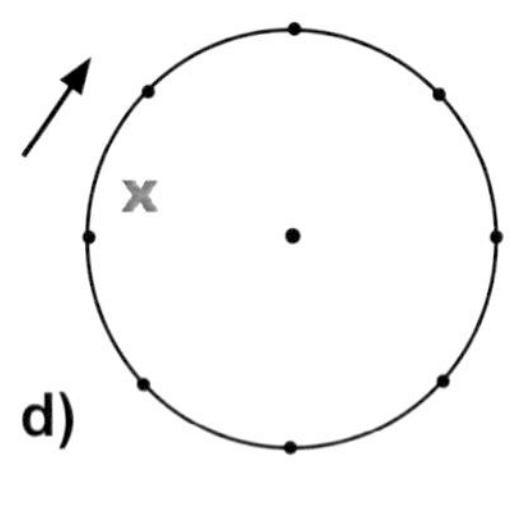

★ **Aufgabe 3**: *Spiele die Rhythmen auf geeigneten Instrumenten.*

(Sprachhilfe: Für alle 𝅗𝅥 = ta-o, ♩ = ta, für alle ♪ = ti z. B. ta-o ta ti ti *)*

Kombiniere, z. B. Pizza a) + Pizza h), spiele die Kombination 4mal. Finde weitere Kombinationen.

NOTENWERTE LESEN, SCHREIBEN & SPIELEN
KOHL VERLAG

1.9 Sprechstück `Ein Besuch im Zoo´

Methodisch-didaktische Überlegungen

Das vorliegende Stück fördert über verschiedene soziale und kooperative Lernmethoden musikalische Kompetenzen. Kooperatives Lernen nutzt wechselnde Formen der Partner- und Gruppenarbeit, um u.a. die Notenkenntnisse zu vertiefen, das Rhythmusgefühl durch praktisches Spielen zu fördern sowie das Zusammenspiel verschiedener Rhythmen zu trainieren.

Im Folgenden beschreiben drei methodische Varianten, wie vielseitig das Lernmaterial bei der Unterrichtsplanung verwendet werden kann. In den komplexen kooperativen Lernmethoden werden die unterschiedlichen Niveaustufen berücksichtigt.

Variante 1 Lernen im Plenum und in Gruppen

Ziel: das gemeinsame Musizieren des Musikstückes

Ausgangspunkt sind 5 Tierbilder und 5 Rhythmuskarten, die zunächst ungeordnet an der Tafel hängen. Die Lernenden legen die Bilder der Reihe nach und ordnen die Rhythmuskarten den Tiernamen zu. Das Hai-Bild hängt separat (siehe Abb. 1.).

Abb. 1 **Tafelbild 1**

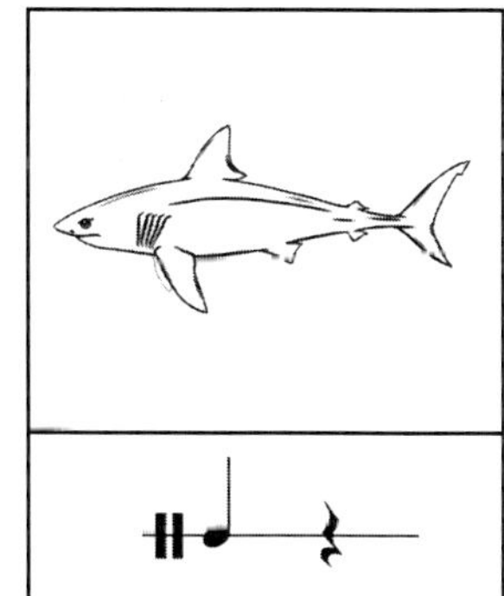

Mittels Sprache (Lö – we, Kän – gu – ru, usw.) und Bodypercussion werden die Bilder in zwei 4-taktige Rhythmus-Pattern (Muster – harmonisch oder rhythmisch wiederkehrende Struktur) umgesetzt. Die Reihenfolge wird mehrmals wiederholt und endet mit dem Tierbild „Hai". Nun wird die Lerngruppe geteilt. Eine Gruppe musiziert mehrmals die Reihe von rechts nach links, die andere Gruppe von links nach rechts. Beide Gruppen enden mit dem Hai-Bild. Nach dieser Vorübung wird das Stück „Ein Besuch im Zoo" gemeinsam erarbeitet.

Die Lernenden erhalten anschließend die Möglichkeit, das Erlernte in Kleingruppen zu festigen. Eine Präsentation der Ergebnisse mit Aufnahme und Reflexion rundet die Stunde ab.

NOTENWERTE LESEN, SCHREIBEN & SPIELEN
Noten lernen durch Praxis und Sprache – Bestell-Nr. 13 040

Variante 2 Lernen im Plenum, Expertengruppen, selbstständiges Arbeiten in Kleingruppen

Die Stundeneröffnung erfolgt wie in Variante 1 (Bilderreihe legen, Rhythmuskarten zuordnen, sprechen und musizieren, siehe Abb. 1).

Die Lerngruppe wird in Kleingruppen (bis zu 4 Mitglieder) eingeteilt.
Jede Gruppe erhält die Tafelbilder im Kleinformat und erarbeitet in der Gruppe ihr `Expertenwissen´. Die Lernenden legen mit den Karten verschiedene `Zoorundgänge´, schreiben ihre Ergebnisse auf und spielen die Rhythmen nach. Vorgabe: Die Hai-Karte beendet immer den Zoorundgang.

Im nächsten Schritt lösen sich die Expertengruppen auf. Die Experten suchen sich eine/n neue/n Spielpartner/in und stellen sich ihre „Zoorundgänge“ gegenseitig vor. Dieser Austausch kann sich mehrfach wiederholen.

Das Stück `Ein Besuch im Zoo´ (Fassung 1) kann nun von den Experten in Kleingruppen selbstständig erarbeitet werden.

Variante 3 Plenum, Kugellager, Plenum

Die 5 Tierbilder und 5 Rhythmuskarten hängen ungeordnet an der Tafel. In einer Gesprächsrunde werden die Bilder besprochen und wie in Abb. 2 sortiert. Durch die Anordnung wird das Augenmerk auf die Rhythmuskarten gelenkt. Es entstehen in jeder Richtung 4/4-Takt-Patterns.

Abb. 2

Tafelbild 2

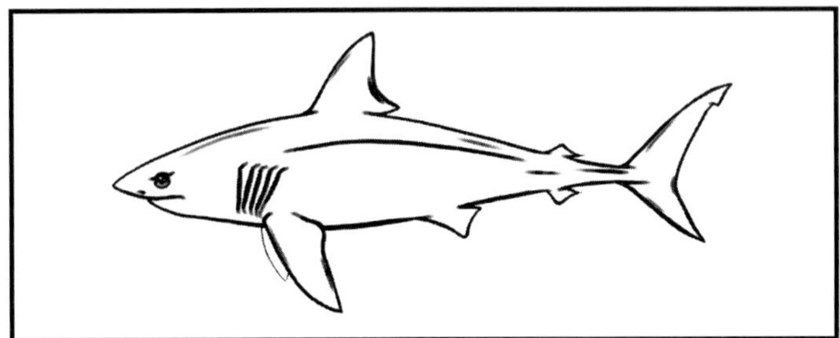

KOHL VERLAG
NOTENWERTE LESEN, SCHREIBEN & SPIELEN

Fortsetzung:

Die 12 Pfeile zeigen die Sprech- und Spielrichtungen sowie die Wortkombinationen an. Exemplarisch werden einzelne Pattern über Sprache und Bodypercussion erarbeitet und beim gemeinsamen Musizieren miteinander kombiniert.

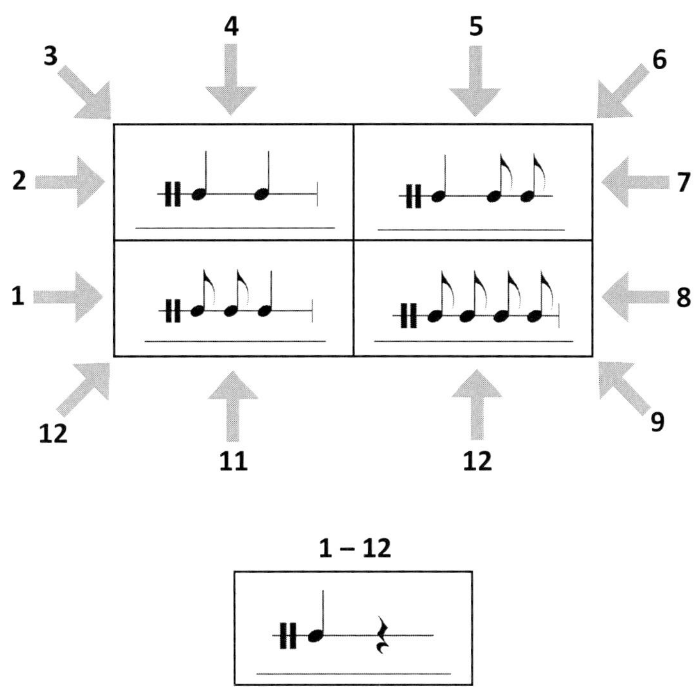

Abb. 3 **Kugellager**

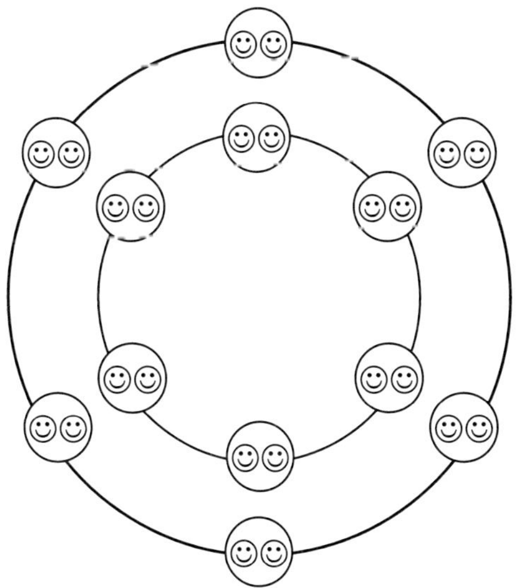

Zur Vertiefung wird die Lerngruppe in 12 Teams eingeteilt. Die jeweilige Teamstärke hängt von der Größe der Lerngruppe ab. Jedes Team bekommt eine Spielrichtung (Wortkombination) zugewiesen und stellt sich, wie in Abb. 3 zu sehen, in einem Doppelkreis (Kugellager) auf.
Alle sich gegenüberstehende Teams spielen 4mal gleichzeitig ihre Patterns und enden mit dem Schluss-Pattern `Hai´, danach wechselt der Innenkreis im Uhrzeigersinn zum nächsten Außenteam, um in einer neuen Konstellation zu musizieren. Hat der Innenkreis seine Ausgangsposition erreicht, ist das Spiel beendet.

Im nächsten Unterrichtsabschnitt erarbeiten die gegenüberstehenden Teams einen Ablaufplan für das Stück `Ein Besuch im Zoo´ (Fassung 2).

Haben alle Teams das Sprechstück erarbeitet, musizieren alle gemeinsam das Rhythmical `Ein Besuch im Zoo´. Eine Audio-Aufnahme mit anschließender Reflexion rundet die Performance ab.

NOTENWERTE LESEN, SCHREIBEN & SPIELEN
Noten lernen durch Praxis und Sprache – Bestell-Nr. 13 040

2 Lied: `Ein Besuch im Zoo´

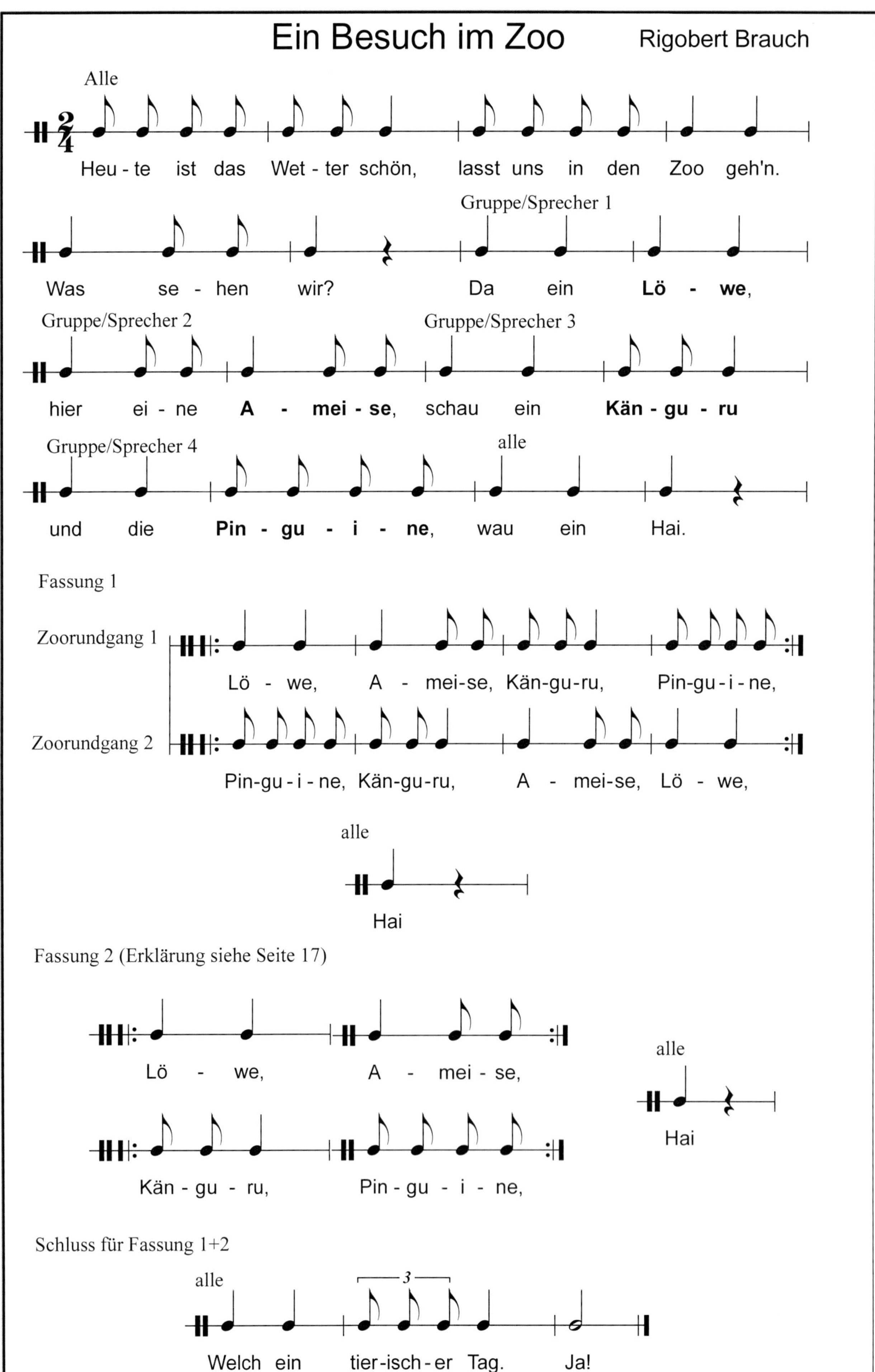

2.1 Tafelbilder, Gruppenkarten

NOTENWERTE LESEN, SCHREIBEN & SPIELEN
Noten lernen durch Praxis und Sprache – Bestell-Nr. 13 040
KOHL VERLAG

I Notenwerte

KOHL VERLAG
NOTENWERTE LESEN, SCHREIBEN & SPIELEN

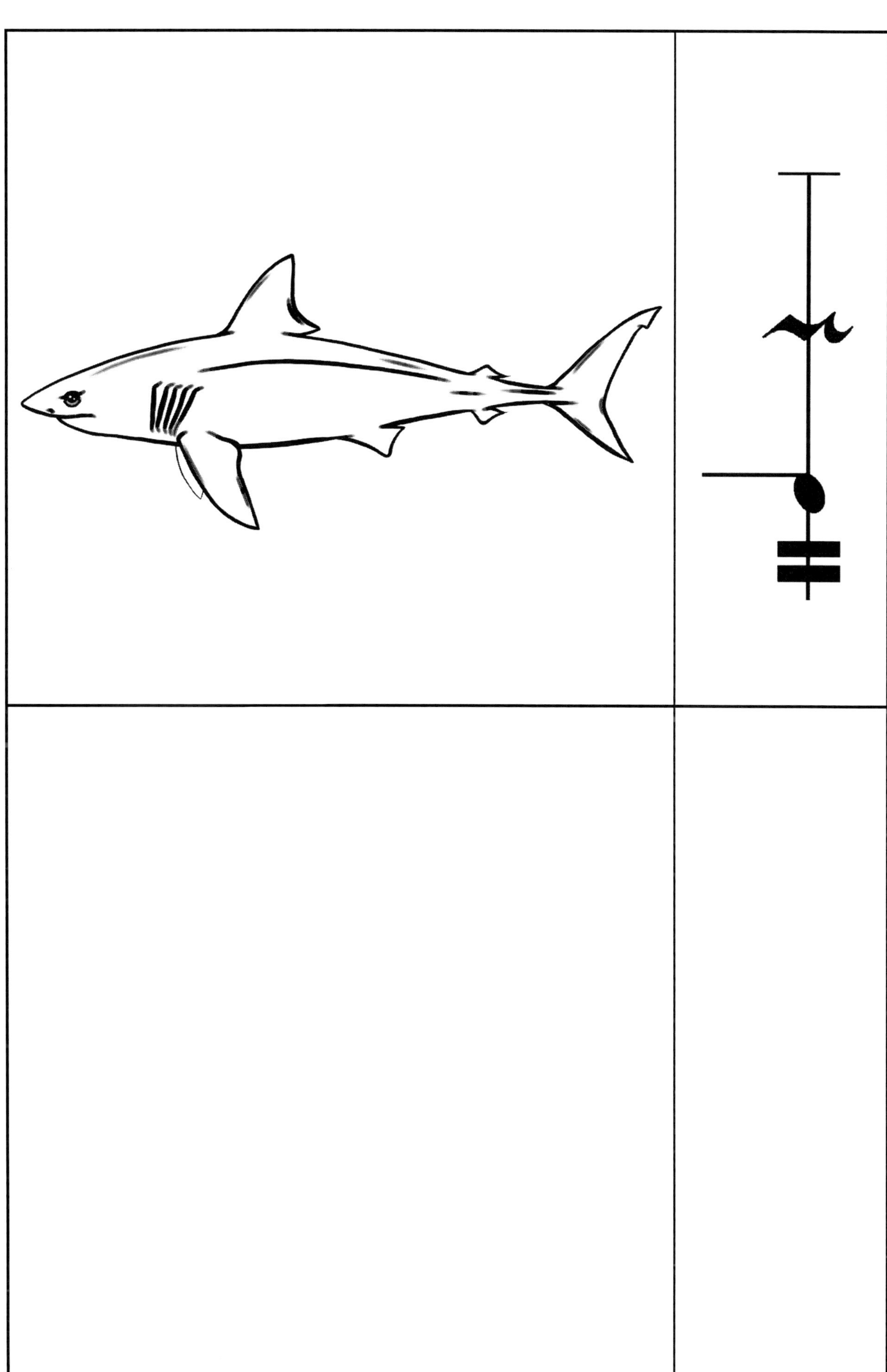

KOHL VERLAG NOTENWERTE LESEN, SCHREIBEN & SPIELEN
Noten lernen durch Praxis und Sprache – Bestell-Nr. 13 040

I Notenwerte

Gruppenkarten

KOHL VERLAG NOTENWERTE LESEN, SCHREIBEN & SPIELEN
Noten lernen durch Praxis und Sprache – Bestell-Nr. 12 940

II Das Metronom

Eine Betrachtung für experimentierfreudige Musikliebhaber

1.1 Methodisch-didaktische Hinweise

Musik und Tempo sind untrennbar miteinander verbunden. Jeder Komponist hat klare Vorstellungen davon, in welchem Tempo seine Komposition erklingen soll. Damit ein Musiker ein Werk im Sinne des Komponisten wiedergeben kann, benötigt er verlässliche Tempoangaben.
Ab dem 17. Jahrhundert verwendet man italienische Bezeichnungen, die gleichzeitig auch auf den Ausdruck bzw. den Charakter des Stückes verweisen. Bei der Ausführung ist aber ein interpretatorischer Spielraum möglich. In der Musikgeschichte führte dies immer wieder zu kontroversen Diskussionen. Der Wunsch nach präzisen Tempoangaben führte im **19. Jahrhundert** zur **Erfindung des Metronoms**. Die Angaben an der Zahlenskala bleiben aber unbefriedigend, da die Zuordnung des Notenwertes zum Zahlenwert fehlt.
Die populäre Musik ist eindeutiger. Die Tempoangabe erfolgt in **bpm** (**b**eats **p**er **m**inute).

Im Musikunterricht ist das Metronom nicht unbedingt ein Thema der ersten Wahl. Häufig reduziert sich der Einsatz des Gerätes beim Üben auf die präzise Wiedergabe von Rhythmen.

György Ligetis \`Poème Symphonique´ für 100 Metronome und \`Stranger things have happened´ von den **Foo Fighters** setzen andere Akzente. Ligeti legt den Fokus auf Klangveränderungen, die sich durch die unterschiedlichen Einstellungen der mechanischen Metronome ergeben. Bei den Foo Fighters übernimmt das Metronom die Funktion eines Schlagzeugs.
Mit beiden Stücken kann man sich experimentell im Unterricht beschäftigen.
Zahlreiche kostenlose Apps für Metronome erleichtern den Zugang zu dem Thema.
Am Anfang der Unterrichtseinheit stehen einfache Erkundungsexperimente, die zunehmend komplexer werden.

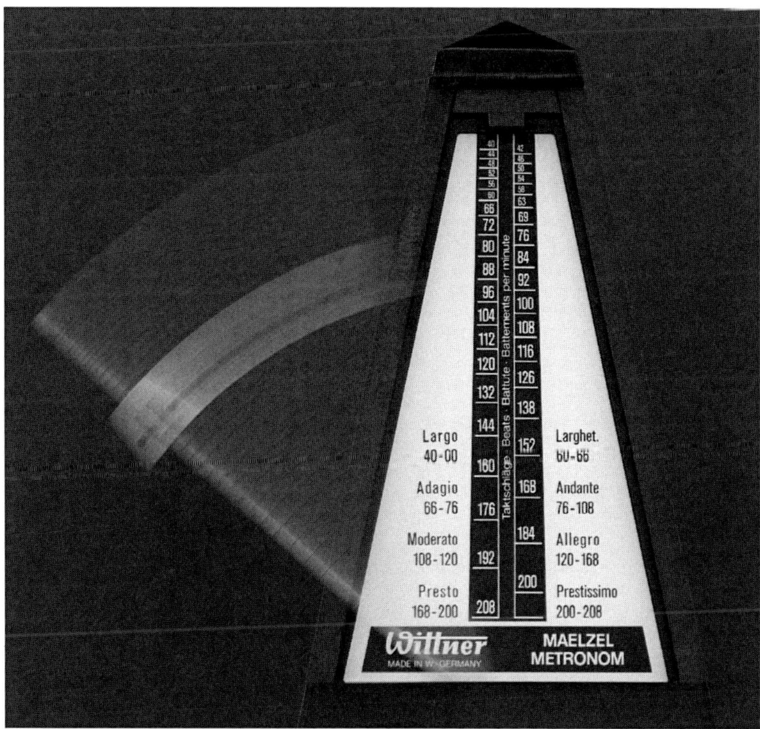

Mälzel Metronom

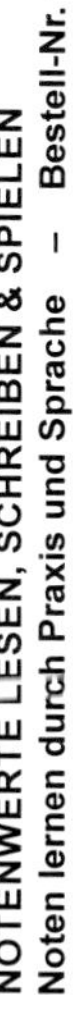

II Das Metronom

1.2 Experiment 1: 2 Metronome im Einsatz

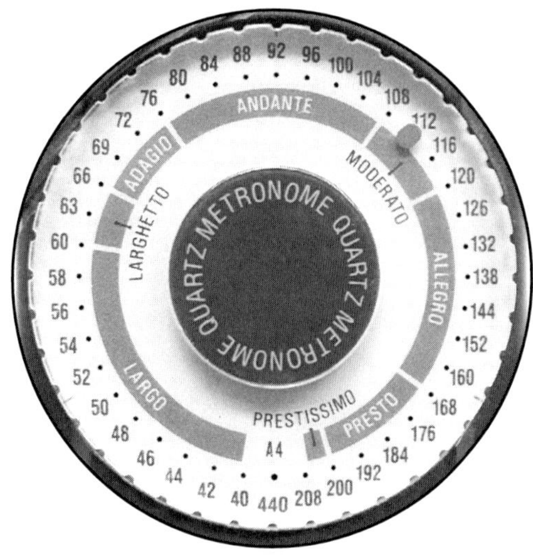

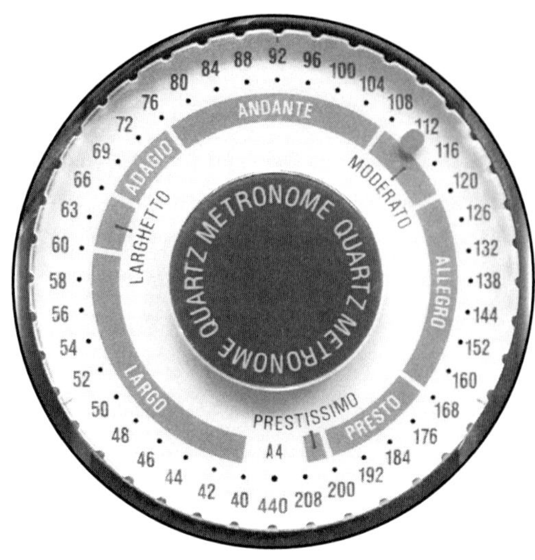

⊙ **Schritt 1**:

Stell das erste Metronom auf 144 ein, das zweite auf 72.
Starte beide Metronome gleichzeitig, hör genau hin.

Welche Feststellung kannst du machen? Notiere dein Ergebnis.

____

! **Schritt 2**:

Stell beide Metronome so ein, dass eines der beiden 4mal schlägt, bevor das zweite erneut anschlägt. Es gibt mehrere Lösungen. Notiere und überprüfe dein Ergebnis.

Metronom 1: MM ______ Metronom 2: MM ______

★ **Schritt 3**:

Wie müssen die Metronome bei einem Verhältnis 3:1 eingestellt werden?
Es gibt mehrere Lösungen. Schreibe ein Zahlenverhältnis auf und überprüfe dein Ergebnis.

Metronom 1: MM ______ Metronom 2: MM ______

____

⊙ **Schritt 4**:

Bei allen elektronischen Metronomen können unterschiedliche Klänge eingestellt werden.

a) *Untersuche dies durch das Ausprobieren einer Metronom-App. Was stellst du fest?*

b) *Stell das Metronom so ein, dass der zweite Klick anders klingt, ähnlich einem `Klick – Klack´.*

c) *Welche Änderungen lassen sich noch einstellen? Was findest du interessant?*

1.3 Experiment 2: In der Maschinenhalle

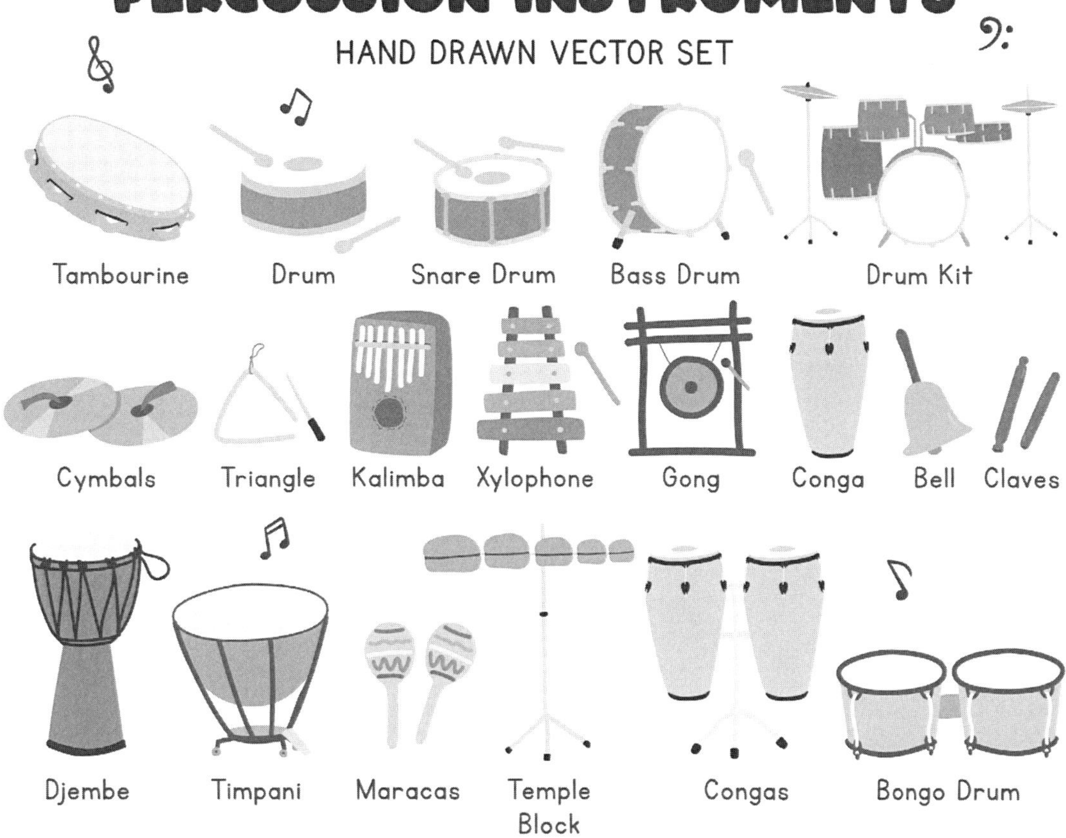

Schritt 1:

Stell dir vor, du bist eine Maschine und führst gleichmäßige Schläge aus. Such dir ein geeignetes Instrument. Das Metronom gibt dir die Schlagzahl vor. Probiere verschiedene Tempi aus. Halte jedes Tempo mindestens 30 Sekunden. Achte auf ein präzises Spiel. Fühlst du dich in einem Tempo sicher, dann übe im gleichen Rhythmus weiter.

Schritt 2:

Bilde mit einem Mitschüler ein Tandem. Stellt euer Metronom auf einen `Klick-Klack-Sound´ ein. Spielt zusammen immer im Wechsel. Probiert verschiedene Tempi aus. Erst wenn ihr in einem Tempo sicher seid, übt dieses weiter.

Schritt 3:

Sucht ein weiteres Tandem mit einem anderen Tempo. Spielt gemeinsam, jedes Tandem in seinem Tempo. Wichtig: Achtet auf ein präzises Spiel. Seid ihr mit eurem Ergebnis zufrieden, dann vertieft es.

Schritt 4:

Findet euch in größeren Gruppen, z. B. 4 Tandems zusammen. Jedes Tandem spielt in seinem geübten Tempo.
Wichtig: Dieser Schritt fordert ein hohes Maß an Selbstdisziplin. Die Partner müssen sich an ihr einstudiertes Tempo halten. Es darf kein akustisches Chaos entstehen. Erst wenn dies gelingt, entstehen interessante rhythmische Strukturen, deren Klänge sich ständig verändern. Es klingt wie in einer Maschinenhalle.

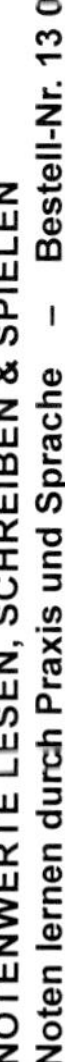
NOTENWERTE LESEN, SCHREIBEN & SPIELEN
Noten lernen durch Praxis und Sprache – Bestell-Nr. 13 040
KOHL VERLAG

1.4 Experiment 3: Wir bauen eine `Drum-Maschine´

Aufgabe 1: *Hört euch das Stück `Stranger Things Have Happened´ von den „Foo Fighters“ an.*
URL: https://www.youtube.com/watch?v=GWaQTpv-R-c
(Zugriff 09.09.2023).

⊙ **Schritt 1**:
Finde das Tempo heraus, stell dein Metronom darauf ein und lass es zur Musik mitlaufen.

⊙ **Schritt 2**:
Baue eine „Drum-Maschine“ mit 3 Metronomen und singe ein Lied dazu.

Geh wie folgt vor:

♩ = 80

Metronom 3

Metronom 2

Metronom 1

a) *Stell bei jedem der 3 Metronome einen unterschiedlichen Klang ein.*

b) *Stell die Tempoangaben wie notiert ein:*
Metronom 1: MM 80
Metronom 2: MM 80
Metronom 3: MM 40

c) *Starte zuerst Metronom 1. Zähl leise 1+ 2 + 3 + 4 +.*
*Starte als nächstes Metronom 3 auf die Zählzeit 2+.**
*Starte danach Metronom 2 auf die Zählzeit 1+.**
** Achte auf den richtigen Zeitpunkt, eventuell musst du das Metronom mehrfach neu starten.*

d) *Sing aus eurem Liedrepertoire ein Lied dazu.*

! **Schritt 3**:
Bring das Rhythmus-Pattern mit 3 Metronomen zum Klingen.

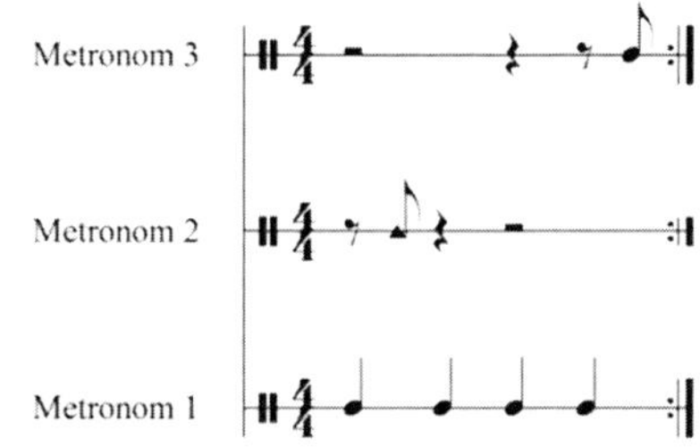

Geh wie folgt vor:

a) *Stell für jedes Metronom einen eigenen Klang ein.*

b) *Ordne jeder Rhythmuszeile das passende Metronom zu.*

c) *Finde die Geschwindigkeiten heraus und stell sie ein.*

d) *Starte die Metronome nacheinander, beginne mit dem Grundschlag.*

★ **Schritt 4**:
Entwickle dein eigenes Pattern. Notiere es in die freie Notenzeile.

Metronom 1: MM_____

Metronom 2: MM_____

Metronom 3: MM_____

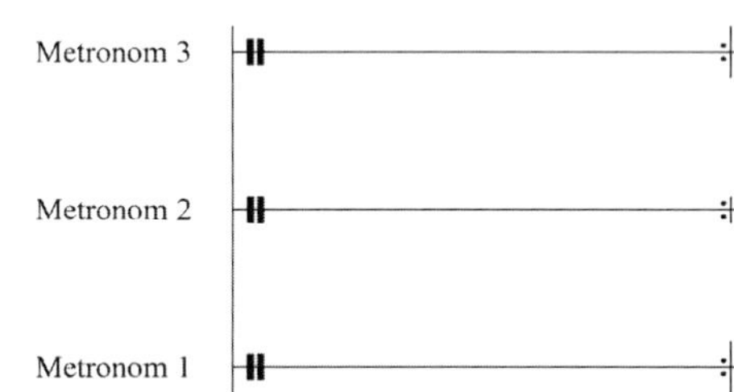

1.5 `Werk – Betrachtung´

`Poème Symphonique´ für 100 Metronome von György Ligeti

Aufgabe 1: **a)** *Hört euch den Musikausschnitt von `Poème symphonique´ für 100 Metronome von György Ligeti an.*
https://www.youtube.com/watch?v=RAtd1uC-HT8

SCAN ME

b) *Beantwortet folgende Fragen zu dem Video.*

- Welche Instrumente kommen zum Einsatz?
- Welche Funktion hat der/die Musiker/in?
- Könnt ihr bei einer Aufführung mitwirken?
- Welche Rolle übernimmt der Dirigent?
- Welche Absicht verfolgt der Komponist mit seinem Werk?
- Ist das Musik? Begründe deine Meinung und schreibe sie auf.

Aufgabe 2: **a)** *Schaut euch den zweiten Link an: Interview mit Peter Kuhn zur `Poème symphonique´ für 100 Metronome.*
https://youtu.be/46mwg3H-JY4?si=J7xiiDJJ1AP0f3P4

b) *In dem kurzen Interview werden Aussagen zu dem Werk gemacht. Welche Aussagen helfen dir, das Werk besser zu verstehen? Notiere.*

Aufgabe 3: *In dem Interview fällt der Begriff `Ueckersches Nagelbild´. Gib diesen Begriff in eine Suchmaschine ein, klicke anschließend auf den Ordner `Bilder´. Auf dieser Seite werden dir einige Nagelbilder des Künstlers Günther Uecker angezeigt. Such ein Bild aus, das deiner Meinung nach am besten zur Musik `Ligetis´ passt. Schreibe deine Gedanken auf.*

NOTENWERTE LESEN, SCHREIBEN & SPIELEN
Noten lernen durch Praxis und Sprache – Bestell-Nr. 13 040
KOHL VERLAG

1.6 Wirtschaftskriminalität im 19. Jahrhundert

Metronom – Patentklau – Urheberrecht verletzt – Gericht entscheidet

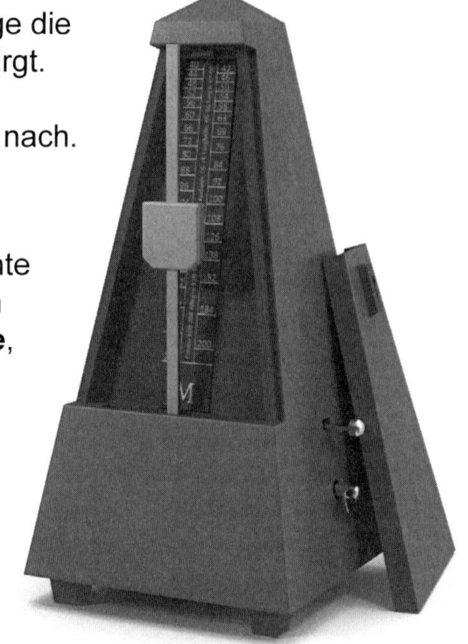

Viele Musiker kennen das Gerät auf dem Bild, aber wenige die wahre Geschichte, die sich hinter seiner Entwicklung verbirgt. Patentklau, Urheberrechtsverletzung oder Wirtschaftskriminalität würde man heute dazu sagen, doch der Reihe nach.

Das Gerät heißt `**Metronom**´. Es hilft Musikern/innen das Tempo zu halten, indem es akustische Impulse in gleichmäßigen Zeitabständen vorgibt. Schon Beethoven wünschte sich eine einheitliche Tempodefinition. Da jeder Spieler ein eigenes Tempogefühl hat, sind z. B. die Angaben **Andante**, **Allegro** oder **Presto** zu ungenau. Das Metronom gibt es eindeutig an. **Wie bei einer Uhr bewegt sich ein Pendel**. Das **Gewicht in der Mitte** des Pendels kann nach oben (langsamer) oder unten (schneller) verstellt werden. Eine **feste Zahlenskala** hilft bei der Einstellung. Heute übernehmen **zahlreiche Apps die Funktion des Metronoms**. Mit Sicherheit würden heute die Erfinder staunen, was aus ihrer genialen Idee geworden ist.

Ideen gab es viele, aber erst **Dietrich Nikolaus Winkel** und **Johann Nepomuk Mälzel** hatten die entscheidenden genialen Einfälle und genau diese beiden beanspruchen die Erfindung für sich. **Winkel** – ein **deutscher Mechaniker** und **Orgelbauer** – lebte in Amsterdam und nannte 1814 seine Erfindung `Musik Chronometer´. **Mälzel** war ein **begnadeter Tüftler** aus Regensburg und immer auf der Suche nach neuen Ideen. Beide arbeiteten unabhängig an der **Erfindung eines Taktgebers**. **Mälzel** besuchte 1815 Winkel, damit dieser ihm bei seinem Problem hilft. Nach dieser Begegnung entwickelte Mälzel unabhängig von Winkel seine Erfindung weiter. Er baute einen Federzug ein und brachte eine Skala an, welche die Anzahl der Schläge pro Minute anzeigte. Ohne Herrn Winkel zu erwähnen, meldete er seine Erfindung, laut Patent am 5.12.1815, als „Metronom“ an.

Erst nachdem eine größere Stückzahl verkauft war, wurde Winkel aufmerksam und erhob vor Gericht Einspruch. Dieses gab ihm Recht. 1820 wurde die Erfindung des Metronoms in einem Rechtsstreit Dietrich Nikolaus Winkel zuerkannt. Zu diesem Zeitpunkt war aber der Name Mälzel schon `untrennbar´ mit dem Metronom verbunden, so geben wir heute noch das Tempo mit M.M. (Mälzels Metronom) an.

Übrigens, 1840 interessierte sich das Militär für den `Chronographen´. Man baute ein großes Metronom **für drei Marschgeschwindigkeiten**. Die Angaben werden jetzt als **bpm** (Beats per minutes – Schläge pro Minute) angegeben. Diese sind in slow (langsam) = 75 bpm, quick (zügig) = 110 bpm und double-quick (Laufschritt) = 150 bpm eingeteilt. Interessant ist, dass Johann Nepomuk Mälzel für Beethoven verschiedene Hörrohre konstruierte.

Aufgabe: *Bearbeitet in der Gruppe folgende Aufgaben.*

⊙ **a)** *Tragt Argumente für den Richterspruch zusammen und schreibt sie auf.*

! **b)** *Findet ihr Argumente für Herrn Mälzel? Schreibt auch diese auf.*

★ **c)** *Überlegt und diskutiert: Ist ein Urheberrecht wichtig? Notiert eure Erkenntnisse.*

Badinerie von J.S. Bach – Sprechstück

aus der „Orchester-Suite Nr. 2 h-Moll“ BWV 1067 für Flöte, Streicher und Basso continuo

1.1 Hintergrundinformationen

Die Badinerie von **Johann Sebastian Bach** zählt wohl zu den bekanntesten Musikstücken der **Barockzeit**. Leider lässt die Quellenlage keine genaue Datierung der Komposition zu. Nach heutiger musikwissenschaftlicher Auffassung liegt die Entstehungszeit nicht wesentlich früher **als 1738**. In diesem Jahr ließ **Johann Sebastian Bach** das Aufführungsmaterial erstellen.
Bach stand in Leipzig ein hervorragendes Orchester zur Verfügung. Das `Collegium musicum´ bestand aus ca. 40 musikalisch hervorragenden Studenten der Leipziger Universität. Mit diesem Ensemble gab er wöchentlich am Freitagabend im `Zimmermannschen Kaffeehaus´ ein Konzert. Zur Messezeit stieg die Nachfrage derart, dass wöchentlich zwei Konzerte stattfanden. Namhafte Solisten schätzten die Qualität des Orchesters und musizierten sehr gerne mit ihm.
Die berühmte Badinerie ist mit ihrem virtuosen Flötensolo das krönende Finale der Orchestersuite Nr. 2 in h-moll, die Bach im französischen Stil komponierte.

1.2 Methodisch-didaktische Hinweise

Nur wenige Schulensembles werden dieses Stück im Original wiedergeben können, aber das Sprechstück `Badinerie´ oder der rhythmische Begleitsatz (siehe unten) ermöglichen einer breiteren Schülerschaft einen praktischen Zugang.
Der vorliegende Text bzw. das ausgearbeitete Rhythmusarrangement soll zur Musik gesprochen bzw. musiziert werden. Aspekte der Sprecherziehung rücken hier in den Fokus. Die Lernenden trainieren abwechslungsreiches Sprechen in ihrer individuellen Stimmlage sowie entspanntes, unhörbares Atmen und eine angemessene Artikulation.

Das Sprechstück ist für zwei Gruppen dialogisch angelegt und greift die pulsierende Rhythmik der Continuo-Stimme auf (Basso continuo: ital. für fortlaufender, ununterbrochener Bass, kurz, continuo). Der Text liefert prägnante Aussagen zum Stück, u.a. ist es von Bach komponiert, für eine Flöte und Streichorchester. Beide Instrumentengruppen musizieren miteinander und haben Spaß dabei (köstlich amüsieren), die Musik ist pfiffig, witzig, einfallsreich (viel Esprit). Der Bezug zum französischen Kompositionsstil wird über die französisch-stämmigen Wörter „Esprit“ und „amüsiert“ hergestellt. Die Übersetzung des Wortes „Badinerie“ mit Spaß bzw. Tändelei verweist auf den Gesamtcharakter.
Die vier Einzähler in der beigefügten Tonaufnahme erleichtern den Einstieg beim Mitsprechen. Die Tempo-Vorgabe MM 120 ist eine Herausforderung für eine gute Artikulation und öffnet den Blick für das virtuose Spiel der Flöte.
Eine sprachliche Herausforderung ist Takt 32. Ein besonderes Augenmerk verlangt der auftaktige Textteil `für Flöte´. Dieser Teil sollte separat erarbeitet werden, damit beim Mitsprechen zur Musik kein Verzug entsteht.

Nach der gemeinsamen Einführung in das Stück und der ersten zentralen Sprechprobe erfolgt die Erarbeitung in Kleingruppen. Eine Präsentation schließt die Erarbeitungsphase ab, dabei kann eine Aufnahme für eine Nachbesprechung dienlich sein.
Der Person des Komponisten kann man sich über die verschiedenen Porträts nähern.

1.3 Sprechstück – Badinerie

!

Sprechstück zur

Badinerie

von J.S. Bach
aus der Orchester-Suite Nr. 2 h-moll, BWV 1067

Badinerie:
franz. Spaß, Tändelei;
bearbeitet von
Rigobert Brauch

Gruppe 1: Ba - di - ne - rie ist ein Stück von Bach ge-schrie-ben,
Gruppe 2: Ba - di - ne -

6
Grp. 1: die zu - sam-men mu-si -
Grp. 2: rie ist ein Stück für ei-ne Flö - te und ein Streich-or-ches-ter, ja,

12
Grp. 1: zie-ren und sich köst-lich a-mü - sie-ren, das ist wirk-lich wun-der-bar. Ba - di - ne -
Grp. 2: das ist wirk-lich wun-der-bar.

18
Grp. 1: rie, Ba - di - ne - rie,
Grp. 2: Ba - di - ne rie, ist ein Stück für ei-ne

24
Grp. 1: ist ein Stück für ei-ne Flö - te, ist ein Stück von Bach ge-
Grp. 2: Flö - te, ist ein Stück von Bach ge-macht.

30
Grp. 1: schrie-ben, für Flö - te ganz klar, Bach ist ein Su-per -
Grp. 2: ist ein Stück von Bach ge-macht, für Flö - te ganz klar, Bach ist ein Su-per -

36
Grp. 1: star. Ba - di - ne - rie klei-nes Stück mit viel Esp - rit. Ba - rit.
Grp. 2: star. Ba - di - ne - rie klei-nes Stück mit viel Esp - rit. rit.

1.4 Rhythmischer Begleitsatz zur Badinerie

★ **Badinerie** von J.S. Bach
aus der Orchestersuite Nr. 2 h-moll, BWV 1067

Mit-Spiel-Satz für Rhythmusinstrumente
von Rigobert Brauch 2023

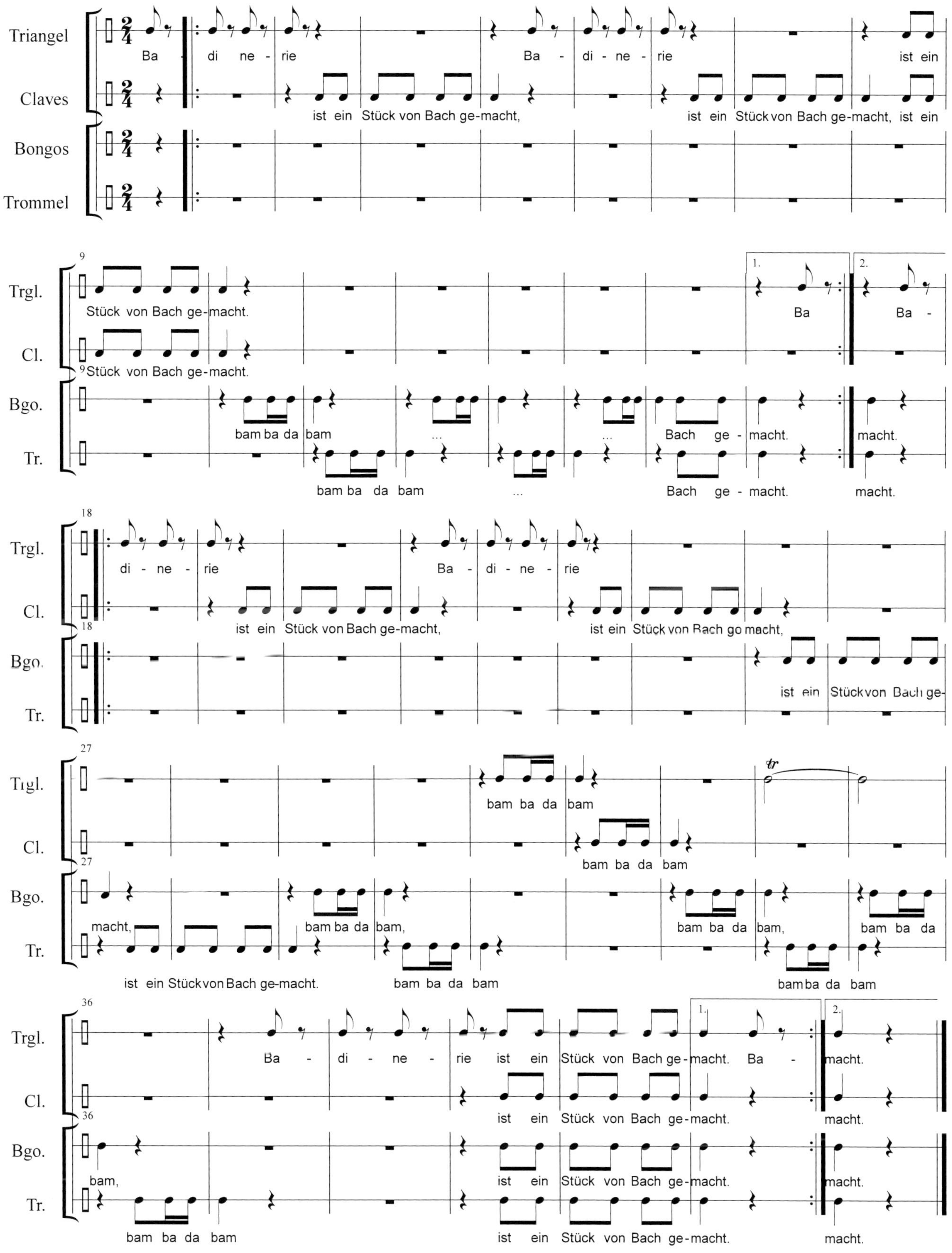

Triangel: Ba - di ne - rie Ba - di - ne - rie ist ein
Claves: ist ein Stück von Bach ge-macht, ist ein Stück von Bach ge-macht, ist ein
Bongos
Trommel

9
Trgl.: Stück von Bach ge-macht. 1. Ba 2. Ba -
Cl.: Stück von Bach ge-macht.
Bgo.: bam ba da bam ... ... Bach ge - macht. macht.
Tr.: bam ba da bam ... Bach ge - macht. macht.

18
Trgl.: di - ne - rie Ba - di - ne - rie
Cl.: ist ein Stück von Bach ge-macht, ist ein Stück von Bach ge-macht,
Bgo.: ist ein Stückvon Bach ge-
Tr.

27
Tigl.: bam ba da bam
Cl.: bam ba da bam
Bgo.: macht, bam ba da bam, bam ba da bam, bam ba da
Tr.: ist ein Stück von Bach ge-macht. bam ba da bam bamba da bam

36
Trgl.: Ba - di - ne - rie ist ein Stück von Bach ge-macht. Ba - macht.
Cl.: ist ein Stück von Bach ge-macht. macht.
Bgo.: bam, ist ein Stück von Bach ge-macht. macht.
Tr.: bam ba da bam ist ein Stück von Bach ge-macht. macht.

NOTENWERTE LESEN, SCHREIBEN & SPIELEN
Noten lernen durch Praxis und Sprache – Bestell-Nr. 13 040
KOHL VERLAG

1.5 Portrait von Johann Sebastian Bach

Beide Gemälde zeigen **Johann Sebastian Bach** zu verschiedenen Zeiten.
Das linke Bild entstand um 1713, das rechte um 1746, es liegen also ca. 35 Jahre dazwischen.

Aufgabe: *Schreibt eure Ergebnisse zu diesen 4 Punkten auf.*

a) Vergleiche die Porträts miteinander. Was fällt euch auf?

b) Wie wirkt die Person im ersten Moment auf euch?

c) Welche Details fallen euch an Bach auf und sind interessant?

d) Nennt Gründe, warum Bach auf beiden Bildern eine Perücke trägt.

In den letzten Lebensjahren litt Johann Sebastian Bach zunehmend an Altersblindheit, auch grauer Star genannt. Die Krankheit war gefürchtet. Ohne soziale Absicherungen, ein Rentensystem gab es zu der damaligen Zeit nicht, waren die Menschen auf Almosen angewiesen. Bach teilte sein Schicksal mit Georg Friedrich Händel. Um der Blindheit zu entgehen, ließen sich beide vom gleichen selbsternannten Augenchirurg Taylor operieren. Dieser Eingriff wird als „Starstich“ bezeichnet und wurde schon in der Antike durchgeführt. Die Beschreibung der OP zeigt, welche Qualen die Menschen auf sich nahmen, um der Blindheit zu entgehen.

1.6 Der Starstich im 18. Jahrhundert

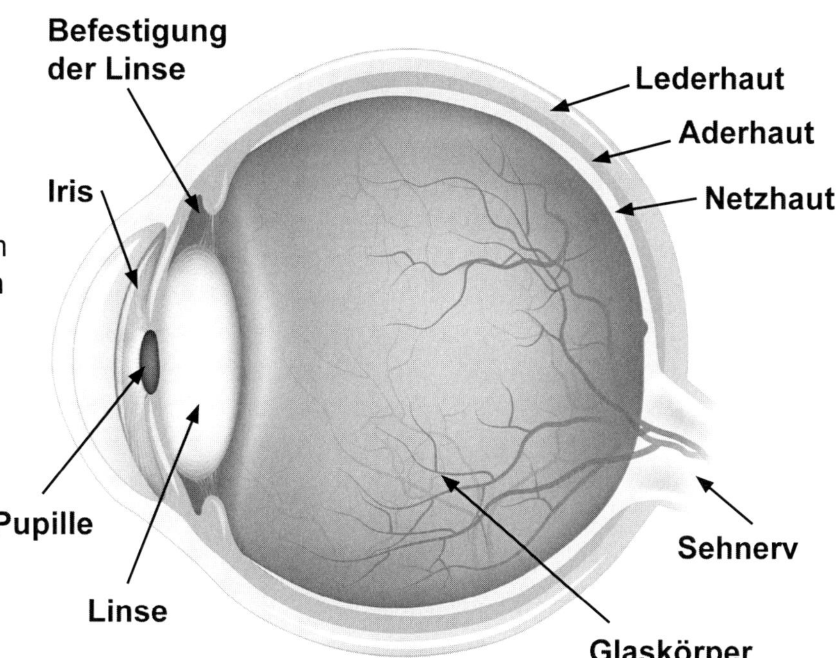

Die selbsternannten Augenchirurgen, auch Okulisten genannt, reisten durch das Land und führten ihr meist stümperhaftes Handeln auf Messen und Jahrmärkten durch. Nicht selten fanden die Eingriffe im vollen Wachzustand des Patienten in einem Wirtshaus statt. Betäubung und sterile Geräte kannte man nicht. Zunächst trank der Patient einigen Alkohol, um das Bewusstsein zu mindern. Danach wurde er auf einem Stuhl fixiert. Um die Hornhaut der Augen aufzuweichen, wurde dem Patienten ein gekochter Apfelwickel auf das Auge gelegt. Der so vorbereitete Patient saß nun dem Chirurgen gegenüber. Ein Assistent drückte den Kopf mit beiden Händen fest nach hinten an seine Brust. Der Starstecher stützte, je nach Auge, seine rechte oder linke Hand an der Stirn des Patienten ab, spreizte die Augenlieder mit Daumen und Zeigefinger fest auseinander und fixierte den Augapfel mit der Hand. Anschließend nahm er mit der freien Hand die „Starstichnadel", zog diese durch den Mund, damit der Speichel das Instrument schlüpfriger machte, und stach seitlich durch die Regenbogenhaut in den Augapfel. Dann schob er die Nadel vorsichtig nach vorne, bis die Nadelspitze die oberen Befestigungsfasern der Linse durchtrennt hatte. Die getrübte Linse (Star) drückte er danach mit der Nadel nach unten in die Augenhöhle weg und hielt sie einige Zeit fest, um ein Aufsteigen zu verhindern. Nach dieser Prozedur wurde dem Patienten das Auge mit branntweingetränkten Kompressen verbunden, um es ruhig zu stellen und das gefürchtete Aufsteigen des „Stars" (Linse) zu unterbinden.
Der Patient konnte wieder sehen, benötigte aber eine starke Brille.
Leider war diese Methode nicht immer von Erfolg gekrönt. Die Linse wanderte nicht selten unter Schmerzen nach oben. Häufig war der fahrende Augenchirurg am nächsten Tag abgereist und der Patient musste für den Rest seines Lebens mit den qualvollen Schmerzen leben. Bei Johann Sebastian Bach war der erste Eingriff nicht erfolgreich. Er unterzog sich an den Folgetagen ein zweites Mal der Prozedur. Vier Monate später verstarb er, ohne sich jemals von den Folgen des Augeneingriffs erholt zu haben.
Georg Friedrich Händel unterzog sich auch erfolglos dieser Behandlung. Er überlebte den Eingriff, blieb aber für den Rest seines Lebens blind.

!★

Aufgabe: *Diskutiert die Vorgehensweise bei diesem Eingriff. Wie hättest du dich entschieden? Blind sein oder die Chance sehen zu können? Nenne Gründe, warum sich damals die Patienten diesem Eingriff unterzogen? Vergleicht dieses Vorgehen mit heutigen medizinischen Standards.*

NOTENWERTE LESEN, SCHREIBEN & SPIELEN
Noten lernen durch Praxis und Sprache – Bestell-Nr. 13 040

1.7 Portraitbilder von Johann Sebastian Bach

Johann Sebastian Bach
um 1715 in Weimar

1.7 Portraitbilder von Johann Sebastian Bach

Johann Sebastian Bach
um 1746 in Leipzig

1.1 Teil 1: `Smoke on the Water´

Synkopen
sind für die Musik wie das Salz für die Suppe.
In diesem Kapitel gehst du auf musikalische Entdeckungsreise und erkundest das **Geheimnis der Synkope**. Du hörst ein Musikausschnitt aus dem Hard Rock-Bereich, beschreibst die Wirkung der Synkopen und spielst das Motiv auf Stabspielen (Tasteninstrumenten) nach. Dabei improvisierst du mit den bereitgestellten Tönen zur Strophe und dem Refrain.
Warm up – Groove dich ein!

Aufgabe 1: *Spiele jeden Rhythmus mindestens 4 Mal. Starte mit der Nr. 1 bis 5*
Fühle zuerst den gleichmäßigen Puls und spiele dann die Synkope.

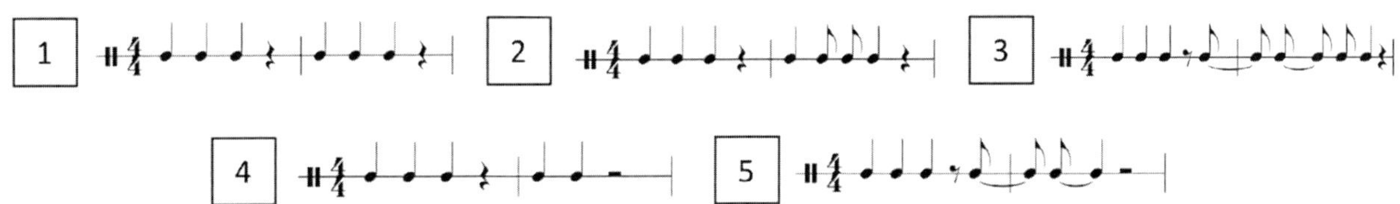

Kombiniere Rhythmus 3 und 5.

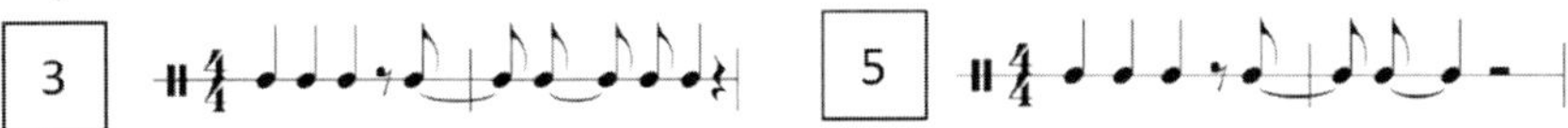

Aufgabe 2: *Hör dir das Gitarrenriff aus `Smoke on the Water´ von „Deep Purple" an.*

Notentext nach dem Original `Smoke on the Water´ von Deep Purple, die Klammern markieren die Synkopen.

Aufgabe 3: *Schreibe die Notennamen unter die Noten von Aufgabe 2.*

Lesehilfe

EA !

Aufgabe 4: *Spiel auf einem Stabspiel (Tasteninstrument) das Motiv nach.*

EA !

Aufgabe 5: *Sing die Melodie des Refrain.*

Aufgabe 6: *Im Internet findest du das originale Hörbeispiel (QR-Code), musiziere dazu. Improvisiere bei der Strophe mit den Tönen des Gitarrenriffs (siehe Lesehilfe). Singe beim Refrain mit.*

Aufbau: `Smoke on the Water´ von Deep Purple

Intro	**Strophe**	**Refr.**	**Intro**	Git.-Solo	Intro	Strophe	Ref.	Intro	Fade out
24 T	**16 T**	**6 T**	**8 T**	20 Takte	8 T	16 T	6 T	16 T	
6x	**–**	**–**	**2x**	–	2x	–	–	4x	–

Diese Takte wiederholen.

1.2 Teil 2: Synkopen erklärt

In diesem Kapitel erweiterst du dein Fachwissen und verstehst, warum Komponisten Synkopen verwenden. Im Praxisteil lernst du ein Rhythmusarrangement kennen, das auf verschiedenen Niveaustufen musiziert werden kann.
Um die Wirkung von Synkopen verstehen zu können, müssen wir den Aufbau eines Taktes anschauen. Wir konzentrieren uns auf den 4/4-Takt.
Ein 4/4-Takt kann in 8-Achtel ♪ eingeteilt werden.

4/4 | **1** + 2 + **3** + 4 + |

Beim Spielen unterscheidet man betonte und unbetonte Zeiten. Die Zahlengrößen zeigen, wie wichtig die einzelnen Taktteile sind. Die Zählzeiten eins und drei sind großgeschrieben und zeigen die Schwerpunkte (Betonungen) an.

Definition und Funktion
Das Wort kommt aus dem Griechischen und setzt sich aus den Silben syn (= zusammen, zugleich) und kope (= Schlag) zusammen. Eine **Synkope** ist in der Musik ein wichtiges **Gestaltungsmittel**. Sie verändert das Betonungsschema und erzeugt dadurch eine **rhythmische Spannung**. Ein betonter Taktteil wird mit dem unbetonten Taktteil, der ihm vorausgeht, zusammengebunden, dadurch erklingt der Ton früher, eben auf einem unbetonten Taktteil. Der erwartete betonte Taktteil fällt aus, dadurch entsteht eine rhythmische Spannung.

Der Komponist hat verschiedene Möglichkeiten:

ohne Synkope	Erklärung	notierte Synkope
	Die 2 ist an die 3 angebunden, Der Schlag 3 wird vorgezogen, dadurch wird die 2 stark betont.	1 + 2 + 3 + 4 + 1 + 2 + 3 + 4 +
	Die 4 ist an die starke 1 angebunden. Der Schlag 1 wird vorgezogen, die 4 wird betont.	1 + 2 + 3 + 4 + 1 + 2 + 3 + 4 +
	Die 2+ wird an die 3 gebunden, der Schwerpunkt wird um 1/8 vorgezogen.	1 + 2 + 3 + 4 + 1 + 2 + 3 + 4 +
	Die 1+ wird an die 2 angebunden. Die stärkere Betonung wird um eine 1/8 vorgezogen.	1 + 2 + 3 + 4 + 1 + 2 + 3 + 4 +

Aufgabe: *Spielt auf geeigneten Rhythmusinstrumenten.*

⊙ **a)** *Spielt die angegebenen Rhythmen jeweils 4mal.*

! **b)** *Spielt in der Gruppe. Kombiniert immer 2 Rhythmen (linke/rechte Seite) miteinander.*

★ **c)** *Komponiere mit den Rhythmen dein Rhythmical.*

1.3 Finde die Synkopen

Aufgabe: In dem Lied: `Un poquito cantas´ sind 20 Synkopen notiert.
Kreise sie ein. Vergleiche mit der Notation ohne Synkopen.

Notation mit Synkopen (Original)

Notation ohne Synkopen (bearbeitet)

1.4 Teil 4: Rhythmical: `Time for Syncopation´

Du erweiterst deine musikpraktischen Kompetenzen, erarbeitest in der Gruppe ein Rhythmusarrangement und präsentierst es auf geeigneten Rhythmusinstrumenten.

Materialbeschreibung
Das Rhythmusarrangement basiert auf einem 2-taktigen Alla breve-Pattern, das sechs verschiedene Rhythmen übereinanderschichtet.
Der Drum-Set-Rhythmus ist optional und kann dem Leistungsstand der Lernenden angepasst oder weggelassen werden.
Die Rhythmen 1 bis 5 enthalten Synkopen. Der 6. Rhythmus ist als gleichmäßige, pulsierende Achtelbewegung ausgeführt.
Sprachhilfen erleichtern die Ausführung.

Vorübungen / Basics für alle Niveaustufen
Alle Rhythmen werden einzeln gesprochen und mehrmals mit Bodypercussion ausgeführt. Ziel ist die Wiedergabe der Rhythmen, wobei die Sprachhilfen in den Hintergrund treten und nur noch leise mitgesprochen werden.

Arbeitsaufträge für unterschiedliche Niveaustufen

⊙ **Einzelarbeit**: *Wähle ein geeignetes Instrument und spiele jeden Rhythmus in unterschiedlichen Tempi, z. B. MM90 oder MM100 oder MM120 (die Zahlen sind Metronom-Angaben).*

! **Gruppenarbeit I**: *Wählt aus der Vorlage eure Rhythmen aus. Verteilt diese auf geeignete Instrumente und* spielt die Rhythmen zusammen. Entwickelt einen Ablaufplan.

★ **Gruppenarbeit II**: *Die Gruppe besteht aus 6 Mitgliedern. Die Rhythmen 1-6 werden verteilt. Erstellt einen Ablaufplan. Alle Gruppenmitglieder können einen der vorgegebenen Rhythmen (1-6) spielen. Erstellt einen Ablaufplan für euer Stück. Baut den notierten Break und Schluss ein. Übt auf geeigneten Instrumenten und präsentiert eure Komposition.*

Raster für den Ablaufplan

Hinweise für die Notation: D.S. = Drum Set; benutze für die Rhythmen 1-6 verschiedene Farben, ein Kästchen entspricht 2 Takte, Wiederholungen werden so gekennzeichnet: I: :I

1														
2														
3														
4														
5														
6														
D.S														

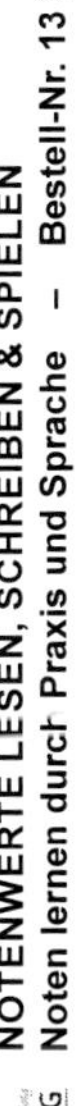
NOTENWERTE LESEN, SCHREIBEN & SPIELEN
Noten lernen durch Praxis und Sprache – Bestell-Nr. 13 040

Rhythmical
Time for Syncopation

Rigobert Brauch
2023

Break **Schluss**

V Lösungen

I Notenwerte

Aufgabe 1: individuelle Lösung

Aufgabe 2: Notenwerte in die Notentreppe eingeordnet.

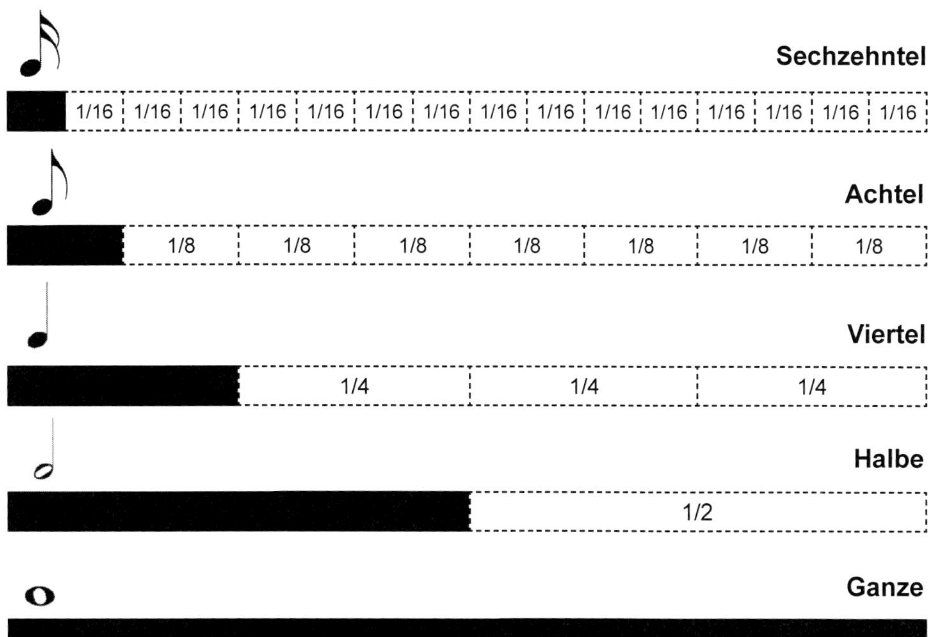

Aufgabe 3:

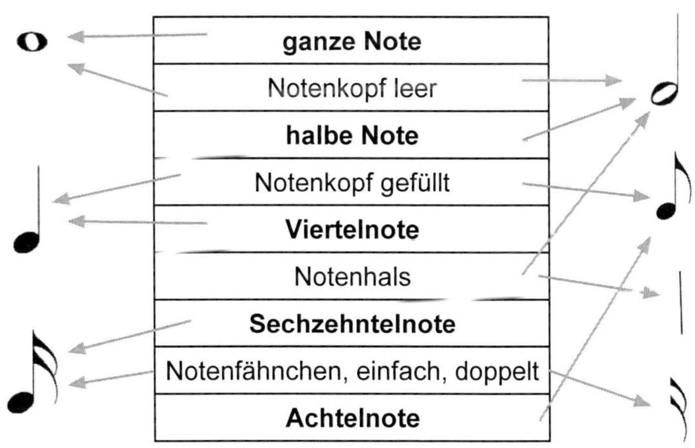

= ganze Note, Notenkopf leer

= Viertelnote, Notenkopf gefüllt, Notenhals

= Sechzehntelnote, Notenkopf gefüllt, Notenfähnchen doppelt

= halbe Note, Notenkopf leer, Notenhals

= achtel Note, Notenkopf gefüllt, Notenfähnchen

= Notenhals

= Notenfähnchen

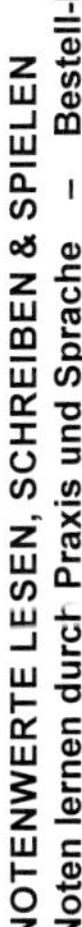
KOHL VERLAG
NOTENWERTE LESEN, SCHREIBEN & SPIELEN
Noten lernen durch Praxis und Sprache – Bestell-Nr. 13 040

V Lösungen

I Notenwerte

Aufgabe 4:

a) **Eine Ganze** hat den gleichen Wert wie **1** Halbe- und **2** Viertel.
b) **Eine Halbe** hat den gleichen Wert wie **1** Viertel- und **2** Achtel.
c) Man benötigt **4** Viertel um den Wert **einer Ganzen** zu erhalten.
d) **Eine Viertel** hat den gleichen Wert wie **4** Sechzehntel.
e) **Eine Viertel** hat den gleichen Wert wie **1** Achtel und **2** Sechzehntel.
f) Für den Wert **einer Ganzen** brauche ich **1** Halbe, **1** Viertel und **2** Achtel.
g) **Eine Ganze** hat den gleichen Wert wie **1** Halbe und **4** Achtel.
h) **4** Achtel ergeben den Wert **einer Halben**.
i) **2** Viertel und **4** Achtel ergeben **eine Ganze** (es ist nur eine Lösung angegeben).

Aufgabe 5: individuelle Lösung

1.4 Notenwerte ergänzen – Rhythmen spielen

Aufgabe 1: *(Einsteiger)* Ergänze in den 4/4 -Takten die fehlenden Notenwerte.

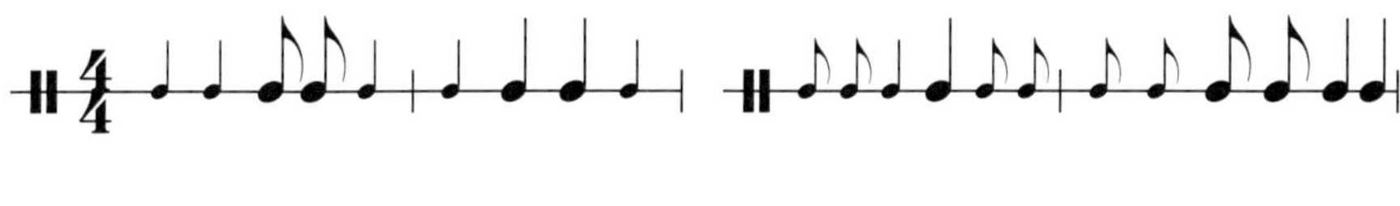

Aufgabe 1: *(Start Ups)* Ergänze in den 4/4 -Takten die fehlenden Notenwerte.

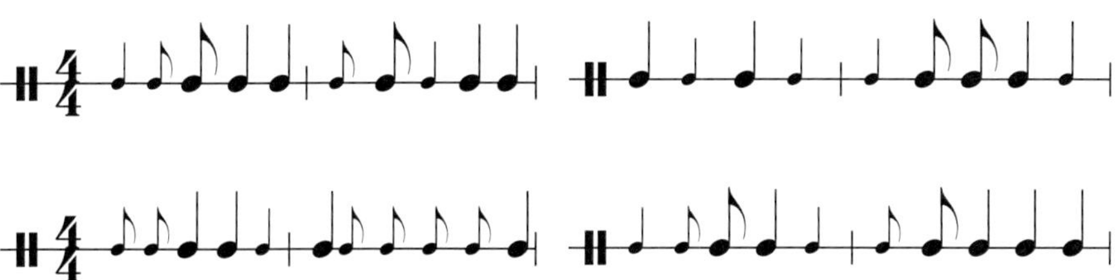

Aufgabe 1: *(Profis)* Ergänze in den 4/4 -Takten die fehlenden Notenwerte.

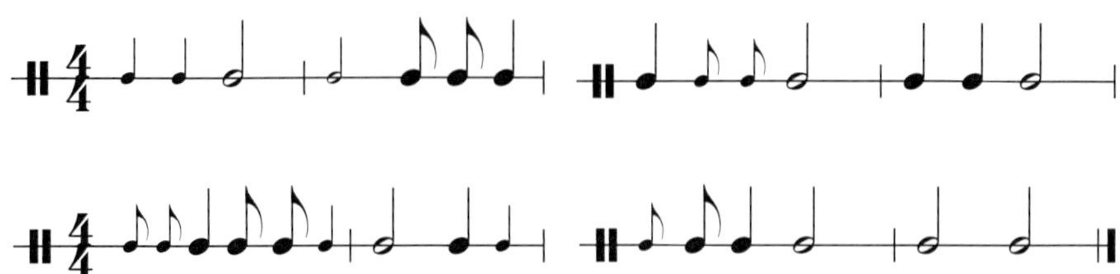

V Lösungen

I Notenwerte

1.5 Pausentreppe

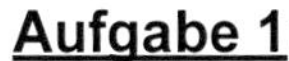

Aufgabe 1:

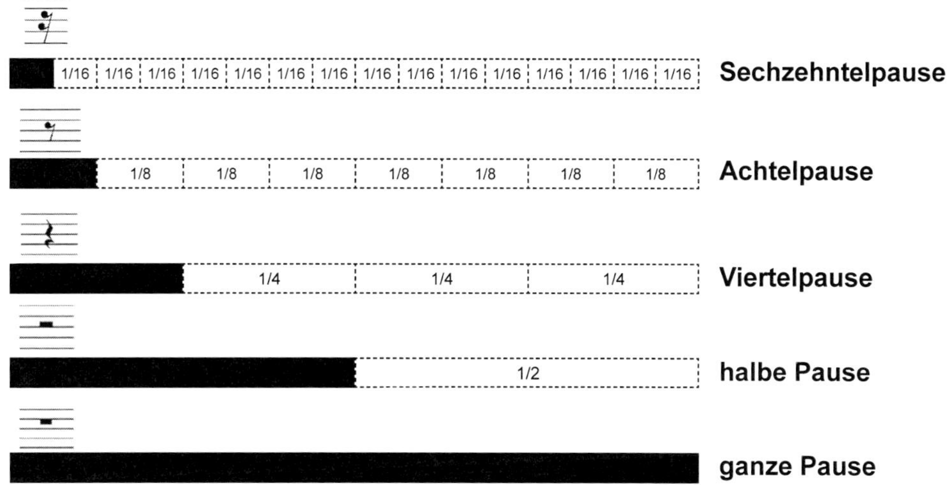

Aufgabe 2: individuelle Lösung

Aufgabe 3:

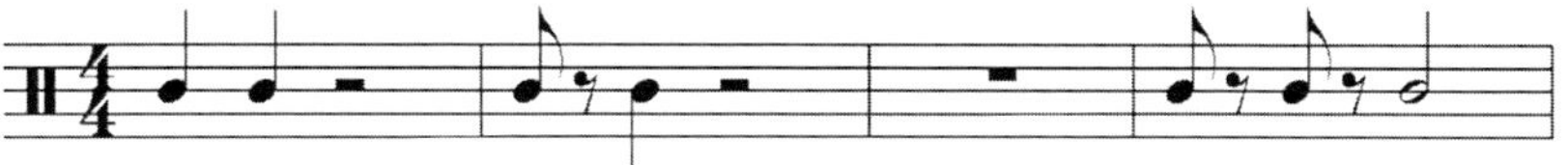

1.6 Noten-Pausenwert-Domino

Aufgabe: individuelle Lösungen

1.7 Pizzarhythmen – Viertel und Achtel

Aufgabe 1:

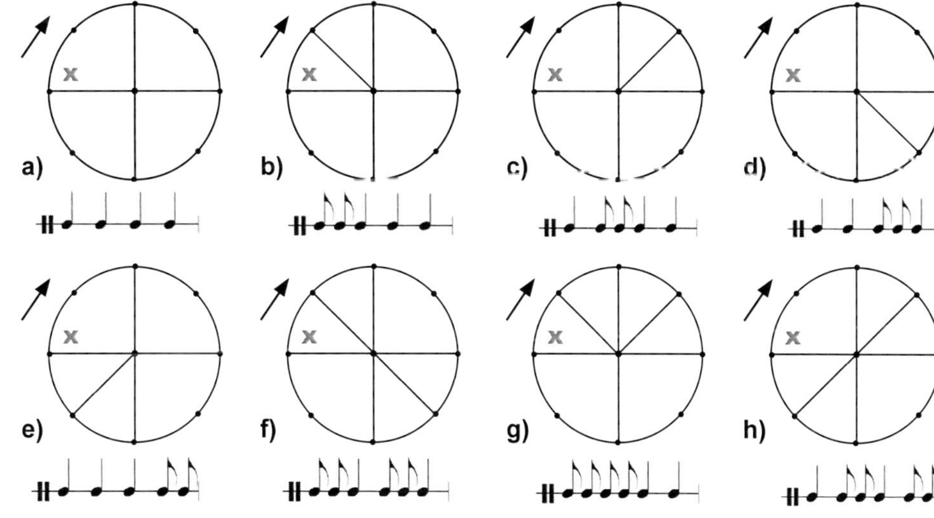

NOTENWERTE LESEN, SCHREIBEN & SPIELEN
Noten lernen durch Praxis und Sprache – Bestell-Nr. 13 040
KOHL VERLAG

V Lösungen

I Notenwerte

1.7 Pizzarhythmen – Viertel und Achtel

Aufgabe 2: individuelle Lösung

Aufgabe 3: individuelle Lösung

1.8 Pizzarhythmen – Halbe, Viertel und Achtel

Aufgabe 1:

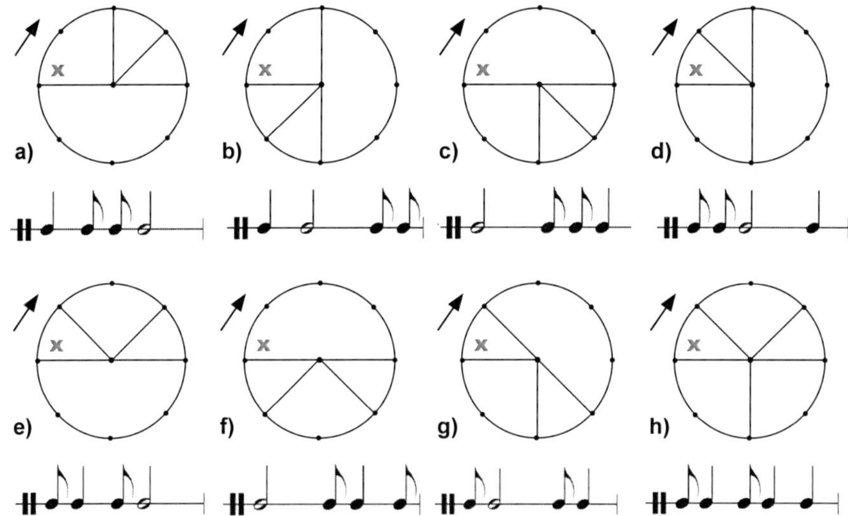

Aufgabe 2: individuelle Lösung

Aufgabe 3: individuelle Lösung

1.9 Sprechstück

Aufgaben: individuelle Lösungen

II Das Metronom

1.2 Experiment 1: Metronome im Einsatz

Schritt 1: individuelle Lösung

Schritt 2: individuelle Lösung
Metronom 1: MM 44 Metronom 2: MM 176

Schritt 3: individuelle Lösung
Metronom 1: MM 44 Metronom 2: MM 132

Schritt 4: **a) – c)** individuelle Lösungen

II Das Metronom

1.3 Experiment 2: In der Maschinenhalle

Schritt 1 – 4: individuelle Lösungen

1.4 Experiment 3 – Wir bauen ein `Drum-Maschine´

Schritt 1: individuelle Lösung

Schritt 2: individuelle Lösung

Schritt 3: individuelle Lösung

Schritt 4: Metronom 1: MM 120
Metronom 2: MM 25
Metronom 3: MM 25

1.5 Werk-Betrachtung

Aufgabe 1: **a)** individuelle Lösungen

Aufgabe 2: **a) – b)** individuelle Lösungen

Aufgabe 3: individuelle Lösungen

1.6 Wirtschaftskriminalltät

Aufgabe: **a) – c)** individuelle Lösungen

III Badinerie von J.S. Bach – Sprechstück

1.5 Portrait von Johann Sebastian Bach

Aufgabe: **a) – e)** individuelle Lösungen

1.6 Portrait von Johann Sebastian Bach

Aufgabe: individuelle Lösungen

V Lösungen

IV Synkopen

1.1 Teil 1: `Smoke on the Water´

Aufgabe 1 u. 2: individuelle Lösungen

Aufgabe 3: Die Notennamen lauten:

Aufgabe 4-6: individuelle Lösung

1.2 Teil 2: Synkopen erklärt

Aufgabe a – d) individuelle Lösungen

1.3 Teil 3: Finde die Synkopen

Aufgabe:

1.4 Rhythmical: `Time for Syncopation´

Aufgabe für alle: individuelle Lösungen

IV Synkopen

PA/GA Aufgabe: Möglichkeit:
Zerlegt dieses Bild in einzelne Teile, sodass andere Schüler diese wieder zusammensetzen können. Ihr könnt z. B. auch wichtige Wörter aus diesem Heft zuerst ins Bild eintragen, dann ausmalen, sodass am Ende ein individuelles Puzzle-Bild entsteht. Eurer Kreativität sind keine Grenzen gesetzt.

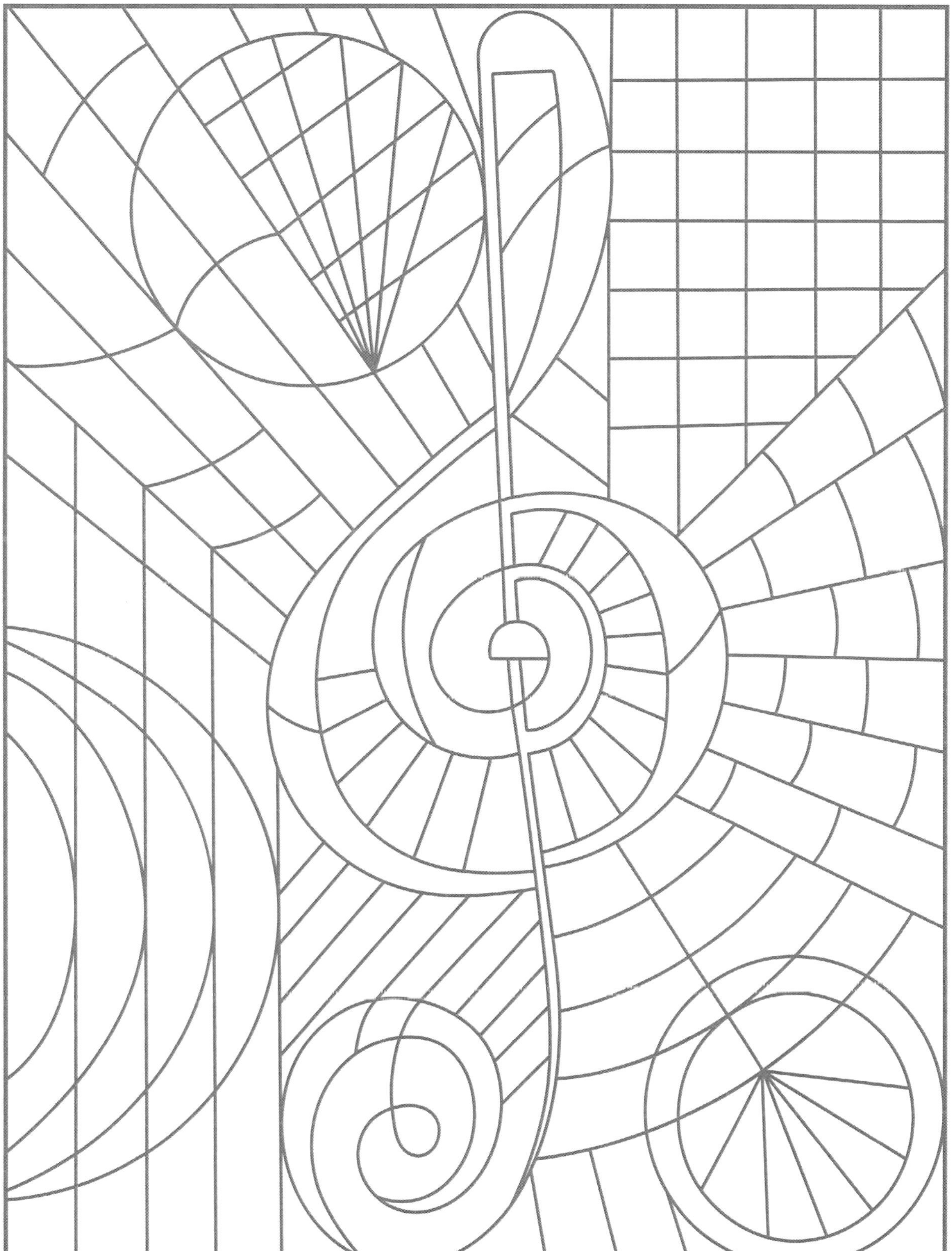

IV Synkopen